新・現場からの
製菓フランス語　別冊

製菓・製パン用単語集

IECF

製菓用単語集の使い方

この単語集は、製菓のフランス語として必要と思われる単語を集め、ジャンル別に分けて記したものである。
各ページごとに単語は、必要度、使用頻度に応じて次のような印をつけて表示してあるので、覚える際の目安として頂きたい。

　　　　＊・・・必須単語
　　　　☆・・・覚えておくと良い単語

製パン用単語は別に記してあるが、果物やナッツ類など、製菓用語と重なる用語はそちらを参考にして活用して頂きたい。

PÂTISSERIE

製菓用単語

フランス語	発　音	日本語訳
＊Fruits / Fruits à coque	フリュイ / フリュイ ア コック	果物/ナッツ
＊abricot	アプリコ	アプリコット、杏
airelle	エレル	クランベリー、ツルコケモモの実
☆ananas	アナナ（ス）	パイナップル
☆avocat	アヴォカ	アボカド
＊banane	バナーヌ	バナナ
＊cassis	カスィス	カシス、黒スグリ
＊cerise	スリーズ	サクランボ
＊citron	スィトロン	レモン
＊citron vert	スィトロン ヴェール	ライム （=lime）
coing	コワン	マルメロ、カリン
datte	ダットゥ	ナツメヤシ
＊figue	フィーグ	イチジク
＊fraise	フレーズ	イチゴ （苺）
＊fraise des bois	フレーズ デ ボワ	野イチゴ、ワイルドストロベリー
＊framboise	フランボワーズ	ラズベリー、木イチゴ
＊fruit de la passion	フリュイ ドゥ ラ パスィョン	パッションフルーツ
☆fruit exotique	フリュイ エグゾティック	外国産フルーツ、トロピカルフルーツ
☆goyave	ゴヤヴ	グァバ
grenade	グルナードゥ	ザクロ
grenadine	グルナディヌ	ザクロのシロップ
＊griotte	グリオットゥ	グリオット：サクランボの品種、サワーチェリー
＊groseille	グロゼイユ	赤スグリ、レッドカラント
kaki	カキ	柿
＊kiwi	キウイ	キウイフルーツ
kumquat	クムクワトゥ	金柑
litchi	リチ	レイシ
☆mandarine	マンダリヌ	マンダリンオレンジ
mangoustan	マングスタン	マンゴスチン
＊mangue	マング	マンゴー
＊melon	ムロン	メロン
☆mirabelle	ミラベル	ミラベル：プラムの一種
☆mûre	ミュール	ブラックベリー、桑の実
muscat	ミュスカ	マスカット

新・現場からの

製菓フランス語

解答集

基礎編

Leçon 1　　Gâteau と Tarte

1. 男性名詞と女性名詞

留意点

　　男性名詞と女性名詞の概念をしっかりと頭に入れる。

P. 15【練習】

① fruit	フリュイ	果物	男
② cerise	スリーズ	サクランボ	女
③ pomme	ポム	リンゴ	女

2. 単数形と複数形

留意点

　　複数形の作り方の原則と、例外をおさえる。《 ou 》で終わる単語の複数形はほとんどが《 s 》だが、よく出てくる《 chou 》は《 x 》なので、それを覚えておく必要がある。

　　複数形の発音が、単数形と同じことは、英語になじんでいると忘れがちなので気をつける。

P. 16【練習】

① framboise	フランボワーズ	木イチゴ	女	framboises
② citron	スィトロン	レモン	男	citrons
③ orange	オランジュ	オレンジ	女	oranges

［例外］

⑴ ＜例＞

cassis	→	cassis
noix	→	noix
riz	→	riz

P. 17【練習】

① myrtille	ミルティーユ	ブルーベリー	女	myrtilles
② ananas	アナナ（ス）	パイナップル	男	ananas
③ pruneau	プリュノ	干しプラム	男	pruneaux
④ fraise	フレーズ	イチゴ	女	fraises
⑤ riz	リ	米	男	riz

3. 特殊な名詞

P. 19【練習】

① graines de pavot	グレンヌ　ドゥ　パヴォ
② patates douces	パタートゥ　ドゥース
③ noix de pécan	ノワ　ドゥ　ペカン

4. 名詞のまとめ

P. 20　製菓の基本材料　スペルを覚えよう

小麦粉	farine	砂糖	sucre
バター	beurre	塩	sel
牛乳	lait	生クリーム	crème (fraîche)
卵	œuf	卵黄	jaune d'œuf
		卵白	blanc d'œuf

P. 21　みんなが知っているフランス語

シェフ	（13）	マロン	（ 3 ）
クロワッサン	（ 9 ）	ソムリエ	（ 2 ）
エクレア	（10）	グルメ	（ 4 ）
カフェオレ	（14）	ビストロ	（ 6 ）
ルージュ	（16）	マドレーヌ	（ 7 ）
プチ	（ 8 ）	キャラメル	（ 1 ）
ババロワ	（15）	ムース	（ 5 ）
クレープ	（12）	ポシェット	（11）

Leçon 2　　Tarte aux pommes

2.《 aux 》の仲間：au, à la, à l',aux

留意点

- 4つのうちのどの形かを見極める優先順位は次のようになる。
  - ―複数形の名詞が後にくるときは常に《 aux 》（母音字または《 h 》で始まる単語も）。
  - ―単数形の名詞が後にくる時は3つの形があるが、
    - 母音字で始まる単数形の名詞が後にくるときは常に《 à l' 》。
    - 以上の2つは、後の名詞の性を調べる必要はない。
  - ―《 h 》で始まる名詞の単数形のときは、文法的には《 au, à la, à l' 》の3通りの可能性があるが、《 à l' 》以外はほとんど実例がないので考えなくてよい。
  - ―後の名詞が単数形で、母音字で始まらないときは、辞書で後の名詞の性を調べて《 au 》または《 à la 》のどちらかを確かめる。

- 発音は後に続く単語の最初の音（文字ではない）と組み合わせて発音することが大事。

P. 23【練習】

① アニス	ア	ラニス	
② オランジュ	ア	ロランジュ	
③ ユイル	ア	リュイル	

発音してみよう

① haricot _{アリコ}　　thé _テ

② noix _{ノワ}　　riz _リ

　　sec _{セック}　　œuf _{ウフ}　　sel _{セル}　　noir _{ノワール}

③ pâtisserie _{パティスリ}　　purée _{ピュレ}

④ pommes _{ポ　ム}　　gâteaux _{ガ　ト}

P. 24【問題】

① aux　　　ブルーベリー（入り）のタルト
② au　　　グランマルニエ（風味）のスフレ
③ à la　　　ココナツ（風味）のアイスクリーム
④ à l'　　　オレンジ（風味）のタルト
⑤ au　　　コーヒー（風味）のムース
⑥ aux　　　アーモンド（入り）のスフレ
⑦ au　　　チョコレート（入り）のマカロン
⑧ aux　　　リンゴ（入り）のタルトレット

発音してみよう

écorce _{エコルス}　　myrtille _{ミルティーユ}　　abricot _{アブリコ}　　orange _{オランジュ}

P. 27　発音してみよう

sirop _{スィロ}　　tamis _{タ　ミ}　　riz _リ　　pâte _{パートゥ}　　avocat _{アヴォカ}

P. 28【問題】

① Madeleines à l'orange
② Tarte aux fruits
③ Macarons au citron
④ Tartelettes aux fraises des bois
⑤ Sorbet aux agrumes
⑥ Crêpe aux marrons
⑦ Poire aux épices
⑧ Sablés aux cacahouètes
⑨ Millefeuille aux fraises
⑩ Pain aux noix

菓子名や材料は、単数形？複数形？

留意点

柑橘類は基本的には数えられる食材だが、風味づけに使われたときには使った個数に関係なく単数形にする。主材料として使ったときには、数えられる食材と考えるので複数形にする場合もある。

＜例＞　Confiture d'oranges

P. 29　発音してみよう

<ruby>sucre<rt>スュークル</rt></ruby>　　　<ruby>café<rt>カフェ</rt></ruby>　　　<ruby>thé<rt>テ</rt></ruby>　　　<ruby>crêpe<rt>クレープ</rt></ruby>　　　<ruby>numéro<rt>ニュメロ</rt></ruby>

Leçon 3　　Clafoutis à la banane et au chocolat

P. 31【練習】

① au,　à la
② aux,　et,　au
③ au,　　et,　à la（aux）
④ aux,　et,　au
⑤ aux,　et,　aux

P. 32【問題】

① Tarte aux poires et aux amandes
② Mousse à l'orange et au chocolat
③ Tartelettes aux myrtilles et aux airelles
④ Pudding（pouding）aux pommes et au calvados
⑤ Soufflé au chocolat et au café
⑥ Bavarois aux cassis et aux framboises
⑦ Charlotte aux cerises et aux pistaches
⑧ Glace aux fraises et à la menthe

Leçon 4　　Confiture de framboises

留意点

- 《 de 》の役割（後ろの単語が何を表すか）と使い方（《 de と d' 》）を理解する。
- 《 de 》は母音字の前では縮約が行われる。
  縮約時の発音のとりかた
  《 d' 》の後の単語の最初の文字と音が違う場合があるので、必ず最初の音と組み合わせる（発音をしてみると良い）。　＜例＞　d'airelles

1.【de】の役割

P. 34　＜例＞

① プラムのコンポート　　　　　　　　⑴

② レモンの外皮　　　　　　　　⑵
③ ディジョン（産）のカシス　　⑶
④ コメルシーのマドレーヌ　　　⑶

2.【de】のかたち

P. 35【練習】
① エレル　　　　　　　　　　デレル
② オランジュ　　　　　　　　ドランジュ
③ ユイル　　　　　　　　　　デュイル
【練習】
① プードル　ダマンドゥ　　　　　　アーモンドプードル（パウダー）
② コンフィチュール　ダブリコ　　　　アプリコットのジャム
③ レ　ドゥ　ノワ　ドゥ　ココ　　　ココナッツミルク
④ マカロン　ドゥ　ナンスィー　　　ナンシーのマカロン
⑤ ジュ　ドランジュ　　　　　　　　オレンジジュース

3.《 de, d' 》《 au, à la, à l', aux 》の使い方のまとめ

P. 36　＜例＞
オレンジジュース
フルーツサラダ
桃のコンポート、ミント風味
　＜例＞
チョコレートケーキ
抹茶のアイスクリーム
ドライフルーツとチョコレートのケーキ

　　　発音してみよう

lait（レ）　　　fraise（フレーズ）

seigle（セーグル）　　　beignet（ベニェ）

épais（エペ）　paix（ペ）　mais（メ）　haie（エ）　neige（ネージュ）

P. 38【問題】
① Beignets de banane
② Coulis de framboises
③ Gelée de cassis
④ Compote de marrons au miel
⑤ Gratin de fruits au champagne
⑥ Compote de cerises à la cannelle
⑦ Confiture d'abricots au citron

5

P. 39　発音してみよう

カフェ　オ　レ
café au lait　　　　chaud シ ョ　　　　sauce ソ ー ス

オ
eau　　　　gâteau ガ ト

ボ
beau　　　　haut オ　　　　bateau バ ト　　　　mauvais モ ヴェ　　　　peau ポ

Leçon 5　　Marrons glacés

留意点
- ・フランス語の形容詞は、修飾する名詞の性と数によって形が決まることを認識する。
- ・日本語や英語の形容詞より複雑なので基本を理解することが重要。また形容詞の位置も
  日本語や英語と違い、ほとんど名詞の後に置かれることも頭に入れる。
- ・形容詞としての数字は、名詞の前につけられる。
- ・男性形で最後の子音字が発音されない場合は、女性形で後に《 e 》がつくとその子音字が発音されることも大切。

2. 形容詞の位置
P. 42　＜例＞　　　petit　　　小さい
　　　　　　　　　　grand　　　大きい

　　発音してみよう

chou シ ュー　　　couteau ク ト　　　moule ム ール
noix ノ ワ　　　poire ポワール　　　pois ポ ワ
beaucoup ボ ク　　　loup ル　　　nouveau ヌ ヴォ　　　soie ソワ　　　toit トワ

3. 菓子・デザート名によく使われるその他の形容詞
P. 44【練習】

grand グ ラ ン　大きい	grands	grande グランドゥ	grandes
petit プ テ ィ　小さい	petits	petite プティットゥ	petites
chaud シ ョ　熱い	chauds	chaude ショードゥ	chaudes
froid フ ロ ワ　冷たい	froids	froide フロワドゥ	froides
jaune ジョーヌ　黄色い	jaunes	jaune ジョーヌ	jaunes
confit コ ン フ ィ　砂糖漬けした	confits	confite コンフィットゥ	confites
sucré ス ュ ク レ　甘い、砂糖入りの	sucrés	sucrée スュクレ	sucrées
salé サ レ　塩味の、塩辛い	salés	salée サ レ	salées

【問題】
① chaude
② vertes
③ petits
④ eau salée
⑤ pêche（s） jaune（s）
⑥ fraise（s） confite（s）
⑦ café sucré
⑧ grande（s） pomme（s） rouge（s）

P. 45 発音してみよう

ブール	ウフ	トレトゥール
beurre	œuf	traiteur

オル ドゥーヴル　　ブ　　　　クール　　　　フ
hors-d'œuvre　　peu　　　　cœur　　　　　feu

4. 原則に当てはまらない形容詞
P. 46【問題】

① frais	新鮮な、生の	frais	フレッシュ fraîche	fraîches
② blanc	白い	blancs	ブランシュ blanche	blanches
③ sec	乾いた、辛口の	secs	セッシュ sèche	sèches
④ breton	ブルターニュ地方の	bretons	ブルトンヌ bretonne	bretonnes

P. 47【練習】
① blanc
② fraîches
③ figue（s） sèche（s）
④ vin sec
⑤ fruit（s） frais
⑥ crème fraîche
⑦ petits fours secs

5. 形容詞のまとめ
P. 49【練習】
① Tarte aux fruits
② Tarte aux fruits rouges
③ Tarte chaude aux fruits rouges
④ Tarte chaude aux petits fruits rouges

⑤ Gratin de fruits

⑥ Gratin de fruits rouges

⑦ Gratin froid de fruits rouges

⑧ Gratin froid de petits fruits rouges

P. 50【練習問題】

① Tartelettes aux fruits rouges

② Compote de figues sèches au rhum

③ Crêpe aux pommes et à la cannelle

④ Sorbet à la menthe fraîche

⑤ Tarte aux fruits confits et au riz

⑥ Soufflé chaud au Grand Marnier

⑦ Charlotte au fromage frais et aux raisins secs

⑧ Gratin de poires aux fruits secs

Leçon 6   Crêpe flambée

留意点

　　この章で学ぶ動詞の過去分詞は形容詞である。従って形容詞の原則が全て当てはまる。
動詞から過去分詞を作るには《 er 》動詞と、それ以外の動詞に分けて作り方を学ぶ。

1. 作り方：動詞から過去分詞（〜した）を作る

P. 53【練習】

① brûlé	焦げた	
② feuilleté	折りたたんだ	
③ grillé	乾燥焼きした、炒った	
④ fouetté	泡立てた、ホイップした	

2. 使い方：形容詞として使う

【練習】

① caramélisé	abricot caramélisé
	abricots caramélisés
	pomme caramélisée
	fraises caramélisées
② glacé	soufflé glacé
	marrons glacés
	crème glacée
	coupes glacées

3. 特殊な過去分詞

留意点

ここでは、過去分詞を作る規則を覚えるよりも、ここに出ている合計 3 つの過去分詞の形を覚えてしまう方がはやい。

P. 54【練習】

① rôtir	（ローストする）→	rôti ロティ	rôtie	pomme rôtie	
② frire	（油で揚げる）→	frit フリ	frite フリットゥ	bananes frites	
③ fondre	（溶かす）→	fondu フォンデュ	fondue	beurre fondu	

【問題】

① roulé 　　　　　　チョコレート（入り）のロールケーキ
② flambé 　　　　　クラフティのカルヴァドスフランベ
③ fourrées 　　　　メレンゲのチョコレート詰め
④ soufflée 　　　　桃のタルトスフレ

P. 56【問題】

① Pêche（s）blanche（s）rôtie（s）
② Biscuit roulé aux fraises
③ Sablés au pamplemousse confit
④ Tarte caramélisée aux pruneaux et au citron vert
⑤ Ananas poêlé aux épices
⑥ Figue（s）rôtie（s）, confiturc de framboises

Leçon 7 　　　Tarte aux pommes à l'alsacienne

留意点

「～地方風」を表す《 à la 》と、風味や入れた物を表わすときの《 à la 》は、形が同じなので間違えないように気をつける。

1. 地名や人名をフランス語で表すとき

P. 65【練習】

① à la normande
② à la bretonne
③ à l'anglaise

P. 65【問題】

① au 　　　de
② aux 　　Taillevent
③ aux 　　à l'
④ aux 　　anglaise 　　au

P. 66

　　　＜例＞

　　　Glace à la vanille　　　バニラ風味のアイスクリーム
　　　Crêpe à la normande　　ノルマンディ風クレープ

　　　【問題】

　　① Clafoutis au calvados à la normande
　　② Galette de sarrasin aux pommes à la bretonne
　　③ Tarte aux quetsches à l'alsacienne

Leçon 8　　　Sauce et Coulis

P. 69【問題】

　　① Compote de fruits rouges, coulis d'agrumes
　　　　　　　　　　　　　　　　et coulis d'agrumes
　　② Poire pochée, sauce (au) chocolat
　　　　　　　　　　et sauce (au) chocolat
　　③ Millefeuille à la vanille, coulis de framboises
　　　　　　　　　　　　　et coulis de framboises

つづり字と発音の規則

P. 78【問題】

1．母音字、鼻母音（母音字 + m, n）、発音しない文字

ジュ	ロワ	ブ	ソース	スープ
jus	roi	peu	sauce	soupe

フール	オテル	ジャンボン	ボ	ヴァン
four	hôtel	jambon	beau	vin

フォンダン	ペ	リュバン	ルロ	パルフェ
fondant	paix	ruban	rouleau	parfait

2．＜e＞ の発音

プティ	プティットゥ	ヴェール	セリ	ルパ
petit	petite	verre	série	repas

ピュレ	フェートゥ	メール	フィレ	ボメ
purée	fête	mère	filet	baumé

3. ＜il, ille＞　の発音

ファミーユ	フヌイユ	ドゥイユ	パレイユ	パスティヤージュ
famille	fenouil	douille	pareil	pastillage

4. ＜ç, c＞の発音

クープ	セルクル	スリーズ	コンポートゥ	クロワッサン
coupe	cercle	cerise	compote	croissant

カルトゥ	クレープ	スィゾ	ファソン	クヴェルチュール
carte	crêpe	ciseaux	façon	couverture

5. ＜g＞の発音

グラス	アングレ	ジュレ	グ	ジャンジャンブル
glace	anglais	gelée	goût	gingembre

ジェノワーズ	フロマージュ	ゴーフル	ムラング	ヌガティーヌ
génoise	fromage	gaufre	meringue	nougatine

6. ＜s＞　の発音

サロン	スィロ	ムース	メゾン	ボワソン
salon	sirop	mousse	maison	boisson

ソ	セルヴィス	レザン	タース	アングレーズ
seau	service	raisin	tasse	anglaise

7. ＜ch＞　の発音

シュ	シャ	ブーシュ	シャンパーニュ	シェーヴル
chou	chat	bouche	champagne	chèvre

シェ	シノワ	ショソン	ショワ	シフォン
chez	chinois	chausson	choix	chiffon

8. ＜gn＞　の発音

ピニョン	アニョ	ベニエ	コニャック	カンパーニュ
pignon	agneau	beignet	cognac	campagne

9. 総合練習

フロワ froid	ショ chaud	ビュッシュ bûche	ピエス pièce	ソヴァージュ sauvage
モワティエ moitié	ペパン pépin	ルージュ rouge	ソレイユ soleil	ブルトン breton
フィーユ fille	テュイル tuile	スィーニュ cygne	パンソ pinceau	アルマニャック armagnac
アラシドゥ arachide	ノワゼットゥ noisette	ミニョン mignon	アンヴィテ invité	マルムラード marmelade
グラサージュ glaçage	モルソ morceau	ルレ relais	テイエール théière	ヴァランタン valentin
ポワソン poisson	アンフュズィョン infusion	スュイス suisse	シャト château	レヴェイヨン réveillon
スィトゥルイユ citrouille	タンバル timbale	ルセットゥ recette	デビュ début	スエ souhait
オ haut	サヴァラン savarin	クレプリ crêperie	ビュフェ buffet	セゾン saison

ルセット編

Leçon 1　　ルセットの読み方

留意点

材料の数や量の表現は、食材によって特殊な表現があるので気をつける。

P. 93【練習】

①	リンゴ（大）	4個
②	油	小さじ　1
③	蜂蜜	大さじ　2
④	アーモンドペースト	300 g
⑤	全卵　1個、　　卵黄	3個分
⑥	水	コップ1
⑦	ラム酒	1 cl（10 ml）
⑧	バニラのサヤ	1本

Leçon 2　ルセットの読み方

留意点

- フランス語のルセットの文の特徴を知り、日本語の文との違い（単語の順序）をしっかり理解する。
- 練習問題はお菓子作りの基礎となるルセットの中で、比較的易しいものから順に選んだが、ルセットの読解に必要な文法 "定冠詞の le, la, les, l' と代名詞の le, la, les, l'" の違いをしっかり学んだ方が理解しやすいと思われるので P.108〜109 を先にやってもよい。

- 単語や文のつなぎ方： 《 , 》と《 et 》 について
    1. 単語を複数並べる時は《 , 》でつなぎ、最後に《 et 》を入れる・・・A , B et C
    2. 2つの文が続く時は基本的には《 et 》でつなぐが、前の文の中にすでに《 et 》が
       使われている時などは重複をさけるために《 , 》で文を続ける。
       複数の文が続く時は、単語の場合同様に《 , 》でつなぎ、最後に《 et 》がくる。

1. 不定形が使われる場合

留意点
- 文法用語では不定形（または不定詞）といわれるが、動詞の原形と考えてよい。
- faire や laisser がつく場合：
    動詞が自動詞の場合に使役動詞の faire がついて「～する」となるのだが、ルセットではあ
    まり気にしなくてよい。

P. 94
    例1　型にバターを塗る
        生クリームを泡立てる
        果物を洗う
    例2　バターを賽の目に切る
        アプリコットを2つに割る
        チョコレートを細かく砕く

P. 95【問題】
    ① オレンジを輪切りにする。
    ② 洋梨を洗い、皮をむく。
    ③ 小麦粉とベーキングパウダーを混ぜる。
    ④ 溶き卵を生地に加える
    ⑤ オーブンを200℃に予熱する。
    ⑥ ゼラチンを溶かす。
    ⑦ タルトを180℃のオーブンで焼く。
    ⑧ 生地を冷蔵庫で休ませておく。

P. 96　　マドレーヌ
    準備と焼成：　約1時間
    材料：マドレーヌ型12個分
        小麦粉　　　　　　100 g
        ベーキングパウダー　　1 g
        砂糖　　　　　　　100 g
        全卵　　　　　　　100 g
        バター　　　　　　75 g
    作り方：
    ① 型にバターを塗る。小麦粉とベーキングパウダーを合わせてふるう。
    ② 小さなキャセロールにバターを溶かし、冷ましておく。

13

③ ボールに卵を割り、（そこに）砂糖を加える。よく混ぜる。

④ 泡立て器で生地を混ぜながら、小麦粉を少しずつ入れ、（そこに）バターを加える。

⑤ 生地を型に流し込み、2時間休ませる。

⑥ 200℃のオーブンで10～20分焼く。型から取り出し、ケーキクーラーの上で冷ます。

P. 100 　サブレ

準備：30分

焼成：10～15分

材料：120個分

小麦粉	450 g
バター	300 g
砂糖	150 g
バニラシュガー	10 g
牛乳	30 g
天板用の砂糖少々	

作り方：

① 砂糖とバニラシュガーを柔らかくしたバターに入れ、よく混ぜる。

② 小麦粉を加えて全体を混ぜ、牛乳を流し入れてさらに軽く混ぜる。 生地を冷蔵庫で
2時間休ませる。

③ 生地を150gの小さな塊に分割し、棒状に成型する。

④ 濡れ布巾で棒状の生地を湿らせる。天板に砂糖を振り、棒状の生地を転がす。

⑤ （棒状の生地を）1cmの厚さの輪切りにし、天板に並べ、オーブンに入れる。180℃で
10～15分焼く。

Leçon 3　ルセットの読み方

2. 動詞の命令形が使われる場合

留意点

- 動詞の語尾が規則変化する場合と不規則変化する場合があるので気をつける。
Faites と mettez はよく出てくるので丸覚えする。

- 目的語の位置に気をつける。
目的語は動詞の後に "—" でつながれて置かれるが、faire や laisser が加わると
2つの動詞の間に挟まれる。

P. 103【練習】

① 牛乳をそっと入れなさい。

② クリームと砂糖を軽くかき混ぜなさい。

③ 生地を型に分けて入れなさい。

④ 厚さ3mmの生地を1枚作りなさい。

⑤ 生地を少なくとも2時間休ませておきなさい。

⑥ ボールに卵黄と砂糖を入れなさい。

P. 104 　　ジェノワーズ

準備：20 分

焼成：30〜40 分

材料：直径 24 cm のマンケ型 1 個分

全卵	200 g
砂糖	100 g
小麦粉	100 g
溶かしバター	50 g
水飴	30 g

作り方：

① ボールに卵、砂糖、水飴を入れ、湯煎にかけて泡立てなさい。

② 混ぜたものが 40℃になるまで泡立て続けなさい。

③ ボールを湯煎からはずし、混ぜたものがリボン状になるまで混ぜ続けなさい。

④ 振るっておいた小麦粉を加え、さっくり混ぜ合わせなさい。

⑤ 溶かしバターをそっと加え、木べらで混ぜなさい。

⑥ バターを塗り、粉を振った型に生地を流し込みなさい。

⑦ 180℃に予熱したオーブンに入れ、30〜40 分焼きなさい。型からはずし、ケーキクーラーの上で冷ましなさい。

P. 106 　　タルト・オ・ポム

準備と焼成：1 時間

材料：4 〜 6 人分

直径 20 cm の練り込みパイ生地 1 枚	
リンゴ	5 個
砂糖	60 g
小さく切ったバター	30 g
バニラシュガー	小さじ 1〜2

作り方：

① オーブンをあらかじめ 180℃に熱しなさい。リンゴの皮をむき、薄切りにしなさい。

② 型にバターを塗り、（そこに）生地を敷き込みなさい。リンゴの薄切りを型の縁に沿って均等に並べなさい。

③ 全体に砂糖、バニラシュガーを振り、（次に）小さく切ったバターを散らしなさい。オーブンで 40 分焼きなさい。

Leçon 4　ルセットの読み方

留意点

・定冠詞の《 le, la, l', les 》と代名詞の《 le, la, l', les 》の違いをはっきり理解する。代名詞は馴れるまでは「それを」、「それらを」と訳す習慣をつけるとよい。練習問題でその使い方（使われ方）をマスターする。

・命令形の場合の代名詞の位置に注意する（特に faire と laisser がつく場合）。

P. 109 【練習】

① アイスクリームをカップ（グラス）に入れる。

② リンゴの皮をむき、（それを）薄く切る。

③ バターを溶かし、粗熱を取っておく。

④ キッチンペーパーの上にベニエをのせ、（それに）砂糖を振りかける。

⑤ 生クリームを泡立て、（それを）栗のピュレに混ぜ込む。

⑥ 牛乳を少し温め、小麦粉の上に注ぎなさい。

⑦ 小麦粉と卵と砂糖を混ぜなさい。（それを）休ませておきなさい。

⑧ イチゴを洗い、（それを）弱火で 15 分加熱しなさい。

P. 110　ガレット・デ・ロワ

準備：30 分　　　焼成：30 分

材料：4 人分

折込みパイ生地	500 g
砂糖	100 g
バター	100 g
全卵	100 g
アーモンドパウダー	100 g
小麦粉	大さじ 1
ラム酒	大さじ 1
つやだし用卵黄	1 個分

作り方：

① 細かく切ったバターをボールに入れ、へらで混ぜ合わせて柔らかくし、次に砂糖を加えなさい。よく混ぜ合わせなさい。卵、小麦粉、ラム酒、アーモンドパウダーを入れ、こねなさい。

② オーブンを 200℃にセットしなさい。
パイ生地を 3 mm の厚さに伸ばし、直径 18 cm の円形を 2 枚切り抜きなさい。1 枚を天板にのせなさい。

③ 周囲全体に 3 cm 幅の縁を残して、中央にアーモンドクリームをのせなさい。縁を軽く湿らせなさい。

④ アーモンドクリームにフェーブを入れなさい。全体を、残しておいた 2 枚目の円形生地で覆いなさい。

⑤ ガレットに溶き卵を塗り、プティ・クトーで表面に十字架の形の筋目を入れなさい。オーブンに入れ 50 分焼きなさい。

P. 112　パータ・シュー

準備：40 分　　　焼成：30〜40 分

材料：50 個分

水	500 ml
バター	200 g
塩	6 g
砂糖	10 g

小麦粉	300 g
全卵	10 個
つやだし用全卵	1 個

作り方：

① カセロールに水、バター、塩、砂糖を入れる。沸騰させる。

② 火からおろし、振るっておいた小麦粉を一度に加える。

③ 再び中火にかけ、生地が鍋底からはがれるまで木べらで勢いよく混ぜ合わせる。火からおろす。

④ 生地をボールに入れ、ゆっくりとかき混ぜながら、卵を一個ずつ加える。生地がなめらかになるまでよく混ぜ合わせる。

⑤ 丸口金をつけた絞り袋に生地を入れ、天板に絞り出す。

⑥ 刷毛で溶き卵を塗り、霧吹きで湿らす。200〜220℃に熱したオーブンで 20 分程焼く。

⑦ 生地が膨らんだら火を止め、約 15 分乾燥焼きする。

Leçon 5　ルセットの読み方

P. 116　　ムース　オ　ショコラ

準備と加熱：30 分

冷蔵：4〜5 時間

材料：4 人分

ビターチョコレート	150 g
低脂肪ココア	大さじ 4
全卵	4 個
砂糖	大さじ 3
グラン・マルニエ	2 cl（20ml）
生クリーム	20 cl（200 ml）

作り方：

① チョコレートを細かく砕き、（それを）弱火の湯煎にかけて溶かす。卵白と卵黄を分ける。

② 卵黄と砂糖大さじ 2 を、砂糖が完全に溶けるまで強く混ぜ合わせる。

③ たえずかき混ぜながらココアとグラン・マルニエを加える。

④ 卵白を固く泡雪状に泡立て、そこに残りの砂糖をパラパラと振り入れる。生クリームを泡立てる。

⑤ 溶かしたチョコレートを卵と砂糖の混ぜたものに徐々に混ぜ込む。

⑥ 混ぜたものがふんわりとなるように、へらを使って持ち上げながら、ホイップクリーム、（泡雪状に）泡立てた卵白をそっと加える。

⑦ 大きな器にムースを入れ、ラップで包み、4〜5 時間冷蔵庫に入れておく。

P. 118　オレンジのバヴァロワ

準備と加熱：30分　　冷蔵：2〜3時間

材料：4人分

板ゼラチン	10 g
卵黄	4個分
微粒グラニュー糖	100 g
グラン・マルニエ	2 cl（20 ml）
オレンジジュース	1/4 l
冷やした生クリーム	1/4 l
薄く切ったオレンジ	1個分
水	少々
殻（皮）を取り、みじん切りにしたピスタチオ	10 g
飾り用のホイップクリーム　適量	

作り方：

① オレンジジュースを温める。
② ゼラチンを冷水で柔らかくする。
③ 卵黄を微粒グラニュー糖、グラン・マルニエと一緒に泡立てる。
④ （混ぜたものを）オレンジジュースに混ぜ込み、中火にかける。
⑤ 85℃を超えないように気をつけながら加熱し続ける。
⑥ 火を止め、粗熱を取り、よく水切りしたゼラチンを加える。
⑦ 生クリームを泡立て、（上の）混ぜたものに加える。
⑧ バヴァロワを型に流し入れ、冷蔵庫で2〜3時間休ませておく。
⑨ オレンジの薄切り、ピスタチオ、ホイップクリームを飾る。

P. 120　バニラのアイスクリーム

準備と加熱：35〜40分

冷凍：15分

材料：10人分

牛乳	50 cl（500 ml）
卵黄	5個分
砂糖	140 g
生クリーム	13 cl（130 ml）
バニラのサヤ	1/2 本

作り方：

① バニラのサヤを2つに割き、中身をナイフで丁寧に削り、種を取り出しなさい。
② カセロールに牛乳と生クリーム、バニラのサヤと種を一緒に入れなさい。
　　弱火で沸騰させ、次にカセロールを火からおろし、蓋をして10分間煮出しておきなさい。
③ ボールに卵黄と砂糖を入れなさい。混ぜたものが白っぽくなるまで泡立て器で混ぜなさい。
④ 牛乳からバニラのサヤを取り出し、そこに③の混ぜたものを入れなさい。
　　絶えず泡立てながら85℃になるまで中火で加熱し続けなさい。
⑤ 火からおろし、冷ましなさい。アイスクリームフリーザーで固まらせなさい。

フランス語	発　音	日本語訳
myrtille	ミルティーユ	ブルーベリー、コケモモの実
nectarine	ネクタリーヌ	ネクタリン
nèfle (du Japon)	ネフル (デュ ジャポン)	ビワ （枇杷）
orange	オランジュ	オレンジ
pamplemousse	パンプルムース	グレープフルーツ （= pomelo）
papaye	パパイユ	パパイヤ
pastèque	パステック	スイカ
poire	ポワール	洋ナシ
pomme	ポム	リンゴ
prune	プリュヌ	プラム、西洋スモモ
pruneau	プリュノ	干しプラム、プルーン
pêche	ペッシュ	桃
quetsche	クエッチ	クエッチ : プラムの一種
raisin	レザン	ブドウ
raisin sec	レザン セック	レーズン、干しブドウ
agrumes	アグリュム	柑橘類
fruit confit	フリュイ コンフィ	果物の砂糖漬け
fruit sec	フリュイ セック	ドライフルーツ
angélique	アンジェリック	アンゼリカ
écorce	エコルス	皮
zeste	ゼストゥ	柑橘類の外皮
jus	ジュ	果汁
pulpe	ピュルプ	果肉
amande	アマンドゥ	アーモンド
amande brute	アマンドゥ ブリュット	薄皮つきアーモンド
amande blanche	アマンドゥ ブランシュ	皮なしアーモンド
amande éffilée	アマンドゥ エフィレ	スライスアーモンド
amande hachée	アマンドゥ アシェ	アーモンドダイス、刻みアーモンド
amande en poudre	アマンドゥ アン プードル	アーモンドプードル （パウダー）
cacahouète	カカウエットゥ	ピーナッツ （= arachide）
graines de courge	グレンヌ ドゥ クルジュ	カボチャの種
graines de pavot	グレンヌ ドゥ パヴォ	ケシの実
graines de tournesol	グレンヌ ドゥ トゥルヌソル	ヒマワリの種
marron / châtaigne	マロン / シャテーニュ	栗

フランス語	発　音	日本語訳
＊noisette	ノワゼットゥ	ヘーゼルナッツ、ハシバミの実
＊noix	ノワ	クルミ /（殻の堅い）木の実
☆noix de cajou	ノワ ドゥ カジュ	カシューナッツ
＊noix de coco	ノワ ドゥ ココ	ココナッツ
noix de macadamia	ノワ ドゥ マカダミア	マカダミアナッツ
☆noix de pécan	ノワ ドゥ ペカン	ピーカンナッツ （= pecane）
＊pignon	ピニョン	松の実
＊pistache	ピスタッシュ	ピスタチオ
☆sésame	セザム	ゴマ
Céréales / Produits sucrés	セレアル / プロデュイ スュクレ	穀物、糖
＊céréale(s)	セレアル	穀類、穀物
avoine	アヴォワヌ	エンバク　farine d'avoine：エンバク粉、オートムギ粉
blé	ブレ	小麦
☆maïs	マイス	トウモロコシ
orge	オルジュ	大麦
＊riz	リ	米
＊sarrasin	サラザン	ソバ （蕎麦）
＊seigle	セーグル	ライ麦
＊soja	ソジャ	大豆
＊cassonade	カソナードゥ	カソナード、粗糖 （ブラウンシュガーとも言う）
＊glucose	グリュコーズ	グルコース、ブドウ糖、水飴
＊miel	ミエル	蜂蜜
＊sirop	スィロ	シロップ
☆sirop d'érable	スィロ デラーブル	メープルシロップ
＊sucre	スュークル	砂糖 （グラニュー糖）
sucre cannelle	スュクル カネル	シナモンシュガー
＊sucre glace	スュクル グラス	粉糖、パウダーシュガー
☆sucre inverti	スュクル アンヴェルティ	転化糖
sucre semoule	スュクル スムル	微粒グラニュー糖 （= sucre en poudre）
sucre roux	スュクル ルー	ブラウンシュガー、赤砂糖
＊sucre vanillé	スュクル ヴァニエ	バニラシュガー
tréhalose	トレアローズ	トレハロース
☆tant pour tant	タン プール タン	タンプルタン：粉末アーモンドと砂糖を同量でまぜあわせたもの

フランス語	発音	日本語訳
Légumes	レギューム	野菜
carotte	キャロットゥ	ニンジン （人参）
chou	シュー	キャベツ
champignon	シャンピニョン	キノコ
concombre	コンコンブル	キュウリ
épinard(s)	エピナール	ホウレン草
haricot(s) vert(s)	アリコ ヴェール	サヤインゲン
olive	オリーヴ	オリーブ
oignon	オニョン	玉ネギ
patate douce	パタットゥ ドゥース	サツマイモ
pomme de terre	ポム ドゥ テール	ジャガイモ
potiron	ポティロン	カボチャ
rhubarbe	リュバルブ	ルバーブ、ダイオウ
tomate	トマトゥ	トマト
Epices / Aromates	エピス / アロマットゥ	香辛料/香味料
anis	アニス	アニス
anis étoilé	アニス エトワレ	スターアニス、八角
cannelle	カネル	シナモン
bâton de cannelle	バトン ドゥ カネル	シナモンスティック、シナモン棒
essence d'amande	エサンス ダマンド	アーモンドエッセンス
huile d'amande	ユイル ダマンド	アーモンドオイル
essence de vanille	エサンス ドゥ ヴァニーユ	バニラエッセンス
extrait de vanille	エクストレ ドゥ ヴァニーユ	濃縮バニラ、バニラエキス
gousse de vanille	グース ドゥ ヴァニーユ	バニラビーンズ、バニラのサヤ
gingembre	ジャンジャンブル	生姜
girofle	ジロフル	クローブ、丁子 （ちょうじ）
menthe	マントゥ	ミント
muscade	ミュスカドゥ	ナツメグ
persil	ペルスィ	パセリ
poivre	ポワーヴル	胡椒
poivre de la Jamaïque	ポワーヴル ドゥ ラ ジャマイック	オールスパイス （= piment de Jamaïque） ピマン ドゥ ジャマイック
romarin	ロマラン	ローズマリー
safran	サフラン	サフラン
thym	タン	タイム

フランス語	発音	日本語訳
Oeufs / Produits laitiers	ウ / プロデュイ レティエ	卵/乳製品
＊beurre	ブール	バター
＊crème (fraîche)	クレーム（フレッシュ）	生クリーム
＊crème chantilly	クレーム シャンティイ	クレームシャンティイ
☆crème double	クレーム ドゥブル	（乳脂肪40％以上の）濃い生クリーム
crème fleurette	クレーム フルレットゥ	液状の生クリーム
＊dorure	ドリュール	（パイの皮などに塗る）塗り卵
＊fromage	フロマージュ	チーズ
☆fromage blanc	フロマージュ ブラン	フロマージュ・ブラン （フレッシュチーズの一種）
fromage frais	フロマージュ フレ	フレッシュチーズ：熟成させないチーズ
＊lait	レ	牛乳
lait concentré non sucré	レ コンサントレ ノン スュクレ	エヴァミルク、無糖練乳
lait concentré sucré	レ コンサントレ スュクレ	コンデンスミルク、加糖練乳
☆lait écrémé	レ エクレメ	脱脂乳
☆lait en poudre	レ アン プードル	粉乳 （=poudre de lait プードル ドゥ レ）
margarine	マルガリーヌ	マーガリン
＊œuf ・œufs	ウフ・ウ	卵
＊œuf entier	ウフ アンティエ	全卵
＊jaune d'œuf	ジョーヌ ドゥフ	卵黄
＊blanc d'œuf	ブラン ドゥフ	卵白
☆blanc d'œuf séché	ブラン ドゥフ セシェ	乾燥卵白
＊yaourt	ヤウール（トゥ）	ヨーグルト
Alcools	アルコール	（製菓用）酒
bière	ビエール	ビール
cidre	スィードル	リンゴ酒、シードル酒
＊calvados	カルヴァドス	カルヴァドス：リンゴの蒸留酒
＊champagne	シャンパーニュ	シャンパン
＊cointreau	コワントロ	コワントロー：オレンジ系リキュール
☆cognac	コニャク	コニャック
crème de cassis	クレーム ドゥ カスィス	クレーム・ドゥ・カシス：カシスのリキュール
☆curaçao	キュラソ	キュラソー：オレンジ系リキュール
＊eau-de-vie	オ ドゥ ヴィ	蒸留酒、ブランデー
＊Grand Marnier	グラン マルニエ	グラン・マルニエ：オレンジ系リキュール
☆liqueur	リクール	リキュール

フランス語	発　音	日本語訳
＊marasquin	マラスカン	マラスキーノ：マラスカ種サクランボから作るリキュール
＊poire williams	ポワール ウイリアムス	ポワール・ウイリアムス：洋梨の蒸留酒
＊porto	ポルト	ポルト酒
＊kirsch	キルシュ	キルシュ酒：サクランボの蒸留酒
＊rhum	ロム	ラム酒
triple sec	トリプル セック	トリプルセック：3回蒸留したオレンジリキュール
＊vin	ヴァン	ワイン
vin blanc	ヴァン ブラン	白ワイン
vin rouge	ヴァン ルージュ	赤ワイン
vodka	ヴォドカ	ウオッカ
whisky	ウイスキー	ウイスキー
(Autres)＊Ingrédients	(オトル) アングレディアン	(その他の)材料
agar-agar	アガラガール	寒天
amidon de farine	アミドン ドゥ ファリーヌ	小麦粉澱粉 （浮粉）
＊appareil	アパレイユ	種、混ぜ合わせた材料
＊café	カフェ	コーヒー
＊café soluble	カフェ ソリュブル	インスタントコーヒー
＊extrait de café	エクストレ ドゥ カフェ	濃縮コーヒー
＊cacao en poudre	カカオ アン プードル	ココア・パウダー　（=poudre de cacao プードル ドゥ カカオ）
＊chocolat	ショコラ	チョコレート
fève(grain) de cacao	フェーヴ (グラン) ドゥ カカオ	カカオ豆
＊pâte de cacao	パートゥ ドゥ カカオ	カカオ・マス
beurre de cacao	ブール ドゥ カカオ	カカオ・バター
chocolat noir(amer)	ショコラ ノワール(アメール)	ビターチョコレート
chocolat blanc	ショコラ ブラン	ホワイトチョコレート
chocolat au lait	ショコラ オ レ	ミルクチョコレート
copeau	コポー	チョコレートコポー：おがくずのようにした飾り用チョコレート
couverture	クヴェルチュール	クーベルチュール：カカオバター31％以上のチョコレート
ganache	ガナッシュ	ガナッシュ：生クリームを加えたチョコレートクリーム
gianduja	ジャンデュヤ	ジャンドゥヤ：焙煎したナッツとチョコレートとの混合物
pâte à glacer	パータ グラセ	コーティング用チョコレート：植物性油脂を加えたチョコレート
chapelure de biscuit	シャプリュール ドゥ ビスキュイ	ケーキクラム
colorant	コロラン	着色剤
eau	オ	水

フランス語	発　音	日本語訳
émulsifiant	エミュルスィフィアン	乳化剤
＊farine	ファリーヌ	小麦粉、粉
☆farine complète	ファリーヌ コンプレートゥ	全粒粉
farine de blé tendre	ファリーヌ ドゥ ブレ タンドル	軟質小麦粉
farine de force	ファリーヌ ドゥ フォルス	強力粉
＊fécule(de maïs)	フェキュル（ドゥ マイス）	コーンスターチ
☆feuille d'or	フイユ ドール	金箔
＊gélatine	ジェラティーヌ	ゼラチン
＊huile	ユイル	油
huile d'olive	ユイル ドリーヴ	オリーブオイル
＊levure	ルヴュール	イースト、酵母
☆levure chimique	ルヴュール シミック	ベーキングパウダー
＊levure sèche	ルヴュール セッシュ	ドライイースト
＊pâte à foncer	パータ フォンセ	敷き込み用パイ生地　（＝ pâte brisée ）
＊pâte brisée	パートゥ ブリゼ	敷き込み用練り込みパイ生地、パート・ブリゼ
＊pâte feuilletée	パートゥ フイユテ	折込みパイ生地　（＝ feuilletage^{フイユタージュ} ）
＊pâte levée	パートゥ ルヴェ	発酵生地
pâte sucrée	パートゥ スュクレ	甘い練り込みパイ生地、シュクレ生地
pâton	パトン	パンや菓子を作るのに必要な量の生地
＊pectine	ペクティーヌ	ペクチン
☆praliné	プラリネ	プラリネ：アーモンドやヘーゼルナッツをカラメルがけし砕いたもの
＊pâte d'amandes	パートゥ ダマンドゥ	パート・ダマンド、マジパン：アーモンドと砂糖を混ぜペースト状にしたもの
☆pâte d'amandes crue	パートゥ ダマンドゥ クリュ	ローマジパン
＊sel	セル	塩
stabilisateur	スタビリザトゥール	安定剤
＊thé(noir)	テ（ノワール）	紅茶
thé vert	テ ヴェール	緑茶、抹茶
☆vinaigre	ヴィネーグル	酢、ビネガー
Ustensiles / Matériel	ユスタンスィル / マテリエル	道具/機器
assiette	アスィエットゥ	取り皿
＊bain-marie	バン マリ	湯せん器
＊balance	バランス	秤
＊bassine / bol	バスィーヌ / ボル	ボール　（＝ cul-de-poule^{キュ ドゥ プル}）
☆batteur-mélangeur	バトゥール・メランジュール	製菓用ミキサー

フランス語	発　音	日本語訳
broche à tremper	ブロッシュ ア トランペ	チョコレート細工用串
☆brosse	ブロス	ブラシ
broyeuse	ブロワイユーズ	粉砕機
＊cadre	カドル	カードル、角セルクル
caissette	ケセットゥ	（紙やアルミの小型の）ケース
caraméliseur	カラメリズール	キャラメラーザー、焼きゴテ
＊casserole	カスロール	キャセロール、片手鍋
＊cercle	セルクル	セルクル、輪型　　　cercle à tarte：タルトリング
chablon	シャブロン	型抜き用型紙
＊chalumeau	シャリュモ	ガスバーナー
＊chinois	シノワ	漉し器、シノワ
＊ciseaux	スィゾ	はさみ
☆congélateur	コンジェラトゥール	冷凍庫
＊corne	コルヌ	カード
＊cornet	コルネ	（紙を円錐形に巻いた）紙の絞り袋、紙のコルネ
☆coupe	クープ	（脚つきの）グラス
＊ coupe-pâte	クープ・パートゥ	スケッパー（＝ raclette）
＊couteau	クト	ナイフ、包丁
＊couteau-scie	クト・スィ	波刃ナイフ、ウェーブナイフ
couvercle	クヴェルクル	蓋
＊petit couteau (d'office)	プティ クト（ドフィス）	ペティ ナイフ
＊cuiller (cuillère)	キュイエール	スプーン、さじ
cuiller (cuillère) à tailler	キュイエール ア タイエ	くりぬき
cuiller (cuillère) mesure	キュイエール ムジュール	計量スプーン
＊découpoir	デクポワール	抜き型　（＝ emporte-pièce）
dénoyauteur	デノワヨトゥール	種ぬき
douille	ドゥイユ	口金
douille cannelée	ドゥイユ カヌレ	星口金
douille unie	ドゥイユ ユニ	丸口金
économe	エコノム	ピーラー、皮むき器
ébauchoir	エボショリール	マジパンスティック　（＝ baton de modulage）
échelle	エシェル	ラック　（＝étagère）
écumoire	エキュモワール	穴杓子、網杓子
enrobeuse	アンロブーズ	エンローバー：チョコレートをコーティングする機械

フランス語	発　音	日本語訳
☆entonnoir à piston	アントノワール ア ピストン	ドロッパー、種おとし
☆étuve	エテューヴ	ホイロ
fer rouge	フェール ルージュ	焼きごて
＊fouet	フエ	ホイッパー、泡立て器
＊four	フール	オーブン
four ventilé	フール ヴァンティレ	コンベクションオーブン
four à sol	フール ア ソル	デッキオーブン、平窯
＊four à micro-ondes	フール ア ミクロオンドゥ	電子レンジ
＊fourchette	フルシェットゥ	フォーク
fourneau	フルノ	レンジ
＊grille	グリーユ	ケーキクーラー
＊laminoir	ラミノワール	パイシーター
＊louche	ルーシュ	レードル
＊marbre	マルブル	大理石の仕事台、マーブル
minuteur	ミニュトゥール	タイマー
＊moule	ムール	型
Flexipan	フレクスィパン	フレキシパン：シリコンとグラスファイバー製の弾力のある型
ouvre-boîte	ウーヴル・ボワットゥ	缶切り
＊palette	パレットゥ	パレットナイフ
☆palette coudée	パレットゥ クデ	Ｌ字パレット
☆papier siliconé	パピエ スィリコネ	シリコンペーパー
☆papier sulfurisé	パピエ スュルフュリゼ	パーチメントペーパー（硫酸紙）、ベーキングシート
＊passoire	パソワール	こし器、水切り
☆pelle à (gâteau / tarte)	ペル ア（ガト / タルト）	（ケーキ / タルト）サーバー
＊pinceau	パンソ	刷毛
＊pique-vite	ピク・ヴィットゥ	ピケ・ローラ
pistolet	ピストレ	吹きつけ器、スプレーガン
＊plaque	プラック	天パン、オーブンプレート
plateau tournant	プラト トゥルナン	回転台
＊poche	ポシュ	絞り出し袋
＊poêle	ポワル	フライパン
☆poêlon	ポワロン	小形片手鍋
poudrette	プードレットゥ	粉糖振り
＊presse-fruits	プレス・フリュイ	果汁絞り器、ジューサー

フランス語	発　音	日本語訳
☆presse-citron	プレス・スィトロン	レモン絞り器
☆ramequin	ラムカン	ラムカン型：１人用の小さな耐熱陶器
✽râpe	ラープ	おろし器
réchaud	レショ	コンロ
✽réfrigérateur	レフリジェラトゥール	冷蔵庫　（= frigo, frigidaire） フリゴ フリジデール
✽rouleau	ルロ	めん棒
✽roulette	ルレットゥ	パイカッター
✽spatule(en bois)	スパチュール（アン ボワ）	ヘラ　（木ベラ）
✽maryse	マリーズ	ゴムベラ　（= spatule en caoutchouc） スパチュール アン カ ウ チュ
✽surgélateur	スュールジェラトゥール	ショックフリーザー、急速冷凍庫
✽tamis	タミ	ふるい、裏ごし
✽thermomètre	テルモメートル	温度計
✽thermomètre à sucre	テルモメートル ア スュークル	糖度計　（= pèse-sirop） ペーズ スィロ
réfractomètre	レフラクトメートル	屈折糖度計：糖の含有量を光の屈折率の違いを利用して計る
(palette) triangle	（パレットゥ）トリアングル	三角パレット
turbine (à glace)	テュルビーヌ（ア グラス）	アイスクリームマシン　（= sorbetière） ソルブティエール
vaporisateur	ヴァポリザトゥール	スプレー、霧吹き
verre gradué	ヴェール グラデュエ	計量カップ
vide-pomme	ヴィッドゥ・ポム	（リンゴの）芯抜き器
zesteur	ゼストゥール	皮むきナイフ、ゼスター
Action（verbes et noms） アクスィョン（ヴェルブ エ ノン）		動作（動詞と名詞）
abaisser	アベセ	（麺棒で生地を平らに）延ばす
abaisse	アベス	延ばした生地
abricoter	アブリコテ	アンズジャムを塗る
ajouter	アジュテ	加える
amollir	アモリール	柔らかくする、ふやかす
aplatir	アプラティール	平らにならす
aromatiser	アロマティゼ	香りをつける
badigeonner	バディジョネ	（仕上げにシロップ等を）塗る
battre	バトル	攪拌する
beurrer	ブレ	バターを塗る、バターをまぜこむ
blanchir	ブランシール	卵黄と砂糖をすり混ぜて白っぽくする / ゆでる、下ゆでする
broyer	ブロワイエ	砕く　（= ecraser） エクラゼ
brûler	ブリュレ	（焼きゴテやバーナーで表面を）焦がす

フランス語	発　音	日本語訳
＊caraméliser	カラメリゼ	カラメル化させる、カラメルをかぶせる
casser	カセ	壊す、（卵を）割る、溶きほぐす
＊chemiser	シュミゼ	型の内側に　（ゼリーなどで）膜をつくる
＊clarifier	クラリフィエ	（卵を）卵白と卵黄に分ける、澄ませる
coller	コレ	（濃度をつけるため）ゼラチンを加える、貼りつける、くっつける
＊concasser	コンカセ	粗く刻む、粗くつぶす
☆confire	コンフィール	果物を砂糖やシロップにつける
＊congeler	コンジュレ	冷凍する
corser	コルセ	こしをだす、味や香りを強める
＊coucher	クシェ	絞り袋を傾けながら天板に絞りだす
＊couler	クレ	流し込む、流し入れる
＊couper	クペ	切る
☆crémer	クレメ	クリーム状になるようかきたてる、生クリームを加える
＊cristalliser	クリスタリゼ	結晶させる
＊cuire	キュイール	加熱する、焼く
☆cuire à blanc	キュイール ア ブラン	空焼きする
＊cuisson	キュイソン	加熱，焼成
décongeler	デコンジュレ	解凍する
＊décorer	デコレ	飾りつけをする
＊décoration	デコラスィョン	飾りつけ
découper	デクペ	切り抜く、切り分ける
délayer	デレイエ	溶く、混ぜ合わせる
＊démouler	デムレ	型から取り出す
dénoyauter	デノワヨテ	果実の芯をとる
☆dessécher	デセシェ	（シュー生地の）余分な水分を蒸発させる
détailler	デタイエ	切りそろえる
☆détremper	デトランペ	粉と水を混ぜ合わせる
détrempe	デトランプ	デトランプ：小麦粉に水、塩を加えて混ぜ合わせた下準備用の生地
＊dorer	ドレ	生地の表面に溶き卵を塗る、焼き色がつく、こんがり焼ける
＊dresser	ドレセ	盛り付ける / 絞り袋で天板に垂直に絞り出す
écumer	エキュメ	あく取りする
☆effiler	エフィレ	（アーモンド等を）縦に薄切りする
＊émincer	エマンセ	薄切りにする
☆émonder	エモンデ	（アーモンド等の）薄皮を熱湯で湯むきする

フランス語	発　音	日本語訳
émulsionner	エミュルスィョネ	乳化させる
☆enrober	アンロベ	（生地や菓子を）コーティングする
épépiner	エペピネ	果実の種をとる
☆éplucher	エプリュシェ	皮をむく
étuver	エテュベ	ホイロに入れる
＊façonner	ファソネ	成形する、細工する、加工する
＊façonnage	ファソナージュ	成形、細工、加工
＊fariner	ファリネ	粉をふる、打ち粉をする
☆fermenter	フェルマンテ	発酵する
☆fermentation	フェルマンタスィョン	発酵
＊feuilleter	フイユテ	（生地を）折りたたむ
＊feuilletage	フイユタージュ	折り込みパイ生地　（＝ pâte feuilletée） バートゥ フ イ ユ テ
finir	フィニール	終える、仕上げる
＊finition	フィニスィョン	仕上げ
＊flamber	フランベ	ブランデー等をかけて火をつけアルコール分を飛ばす
☆foncer	フォンセ	型やセルクルに生地を敷きこむ
＊fourrer	フレ	中身を詰める
fondre	フォンドル	溶かす
＊fouetter	フエテ	泡立てる
fraiser	フレゼ	（生地を手で前方に押し出し）こねる
＊frire	フリール	油で揚げる
garnir	ガルニール	（型や生地の中に中身を）入れる、詰める
glacer	グラセ	糖衣をかける、つや出しする / 凍らせる
glaçage	グラサージュ	(菓子の表面に）糖衣をかけること、アイシング
goûter	グテ	味をみる、味わう
griller	グリエ	乾燥焼きする、煎る
hacher	アシェ	細かく刻む
imbiber	アンビベ	（シロップなどの液体を）しみ込ませる、湿らせる
incorporer	アンコルポレ	混ぜ合わせる、入れる、加える
infuser	アンフュゼ	煎じる、（香りを）抽出する
infusion	アンフュジョン	煎じること、ハーブティ　　　　ハーブティは tisane とも言う ティザーヌ
lier	リエ	とろみをつける、濃度をつける
lisser	リセ	（よく混ぜて）なめらかにする、（菓子の表面を）なめらかにする
macérer	マセレ	（果物などを）アルコールやリキュールに漬ける

フランス語	発　音	日本語訳
masquer	マスケ	覆う、コーティングする
＊mélanger	メランジェ	混ぜる
mesurer	ムジュレ	計量する　　　peser：重さを量る（プゼ）
＊monter	モンテ	ふんわり泡立てる / 組み立てる
☆montage	モンタージュ	（菓子の）組み立て
mouiller	ムイエ	湿らす、ぬらす、液体を加える
＊mouler	ムレ	型取りする
☆moulage	ムラージュ	型取り、型詰め
＊napper	ナペ	（チョコレート等を表面全体に）塗る
＊nappage	ナパージュ	コーティング用ソース
＊passer	パセ	漉す、裏ごしする、ふるいにかける / 流す
☆pincer	パンセ	つまむ、挟む
＊piquer	ピケ	突く、刺す
poêler	ポワレ	フライパンで焼く
☆praliner	プラリネ	（木の実に）煮詰めた糖液をからめる
＊préparer	プレパレ	準備する、用意する
＊préparation	プレパラスィョン	準備
＊presser	プレセ	（果汁）しぼる、押す
＊râper	ラペ	（卸し器で）すりおろす
rayer	レイエ	線を引く、筋をつける
☆réduire	レデュイール	煮詰める、減らす
refroidir	ルフロワディール	冷ます、冷やす
＊rouler	ルレ	巻く、転がす
＊saupoudrer	ソプドゥレ	（ココア・粉等を）ふりかける、ちりばめる
☆séparer	セパレ	分ける、分割する　（＝ diviser）（ディヴィゼ）
＊serrer	セレ	（卵白などを均質になるよう）強く泡立てる、（生地の）ガスを抜く
superposer	スュペルポゼ	重ねる、積み重ねる
＊surgeler	スュルジュレ	急速冷凍する
＊tamiser	タミゼ	篩にかける、裏ごしする
＊tempérage	タンペラージュ	テンパリング，温度調節
tempérer	タンペレ	テンパリングする、温度を調節する
tourer	トゥレ	（生地を）麺棒で伸ばす、3つ折4分の1回転の作業をする
travailler	トラヴァイエ	（均質になるよう）かき混ぜる、こねる
☆tremper	トランペ	浸す、漬ける、くぐらせる

フランス語	発　音	日本語訳
Autres	オトル	その他
biscuit	ビスキュイ	スポンジの総称または別立て法で作るスポンジ / ビスケット
boulé	ブレ	ブーレ：120℃に煮詰めた糖液
caramel	キャラメル	（菓子）キャラメル、カラメル：煮詰めた砂糖液 / カラメル色素
compote	コンポートゥ	コンポート：果物のシロップ煮
confiture	コンフィチュール	ジャム
coulis	クーリ	クーリ：果肉の裏ごしをシロップで溶いたもの
purée	ピュレ	ピュレ：果肉をつぶし裏漉ししたもの
crème anglaise	クレーム アングレーズ	カスタードソース
crème chiboust	クレーム シブストゥ	クレームシブスト：カスタードクリームにイタリアンメレンゲを混ぜたもの
crème diplomate	クレーム ディプロマットゥ	クレームディプロマット：カスタードクリームとホイップクリームを混ぜたもの
crème pâtissière	クレーム パティスィエール	カスタードクリーム
crème au beurre	クレーム オ ブール	バタークリーム
entremets	アントルメ	（切り分けて供する）大型菓子 / （パティスリー以外の）デザート菓子
fondant	フォンダン	フォンダン：煮詰めた糖液を攪拌したペースト状の糖衣
garniture	ガルニテュール	（タルトなどに）詰める物、フィリング
gelée	ジュレ	果汁のジャム、ゼリー
glace à l'eau	グラス ア ロ	粉糖またはフォンダンを湯で溶いたもの
glace royale	グラス ロワイヤル	グラスロワイヤル：卵白に粉糖を加え練り合わせた糖衣
génoise	ジェノワーズ	主に共立て法で作るスポンジ　（一般的にバターが入る）
guimauve	ギモーヴ	マシュマロ
mendiant	マンディアン	マンディアン：ドライフルーツやナッツを混ぜ込んだりトッピングしたチョコレート
marmelade	マルムラードゥ	マーマレード
meringue	ムラング	メレンゲ
meringue française	ムラング フランセーズ	フランスメレンゲ：泡立てた卵白に砂糖を加えてよく泡立てたメレンゲ
meringue italienne	ムラング イタリエンヌ	イタリアンメレンゲ：泡立てた卵白に120℃の糖液を加え硬く泡立てたメレンゲ
meringue suisse	ムラング スュイス	スイスメレンゲ：卵白と砂糖を湯煎にかけて泡立てたメレンゲ
nougat	ヌガ	ヌガー
nougatine	ヌガティーヌ	ヌガティーヌ：カラメル状に煮詰めた糖液にアーモンドを加えたヌガー
pastillage	パスティヤージュ	パスティヤージュ：装飾用のペースト
pâte de fruits	パートゥ ドゥ フリュイ	フルーツゼリー（ハードゼリー）
pièce montée	ピエス モンテ	組み立て工芸菓子、ピエスモンテ
sucre d'art	スュークル　ダール	アメ細工
sucre coulé	スュークル　クレ	流しアメ

フランス語	発音	日本語訳
☆sucre soufflé	スュークル スフレ	吹きアメ
☆sucre tiré	スュークル ティレ	引きアメ
☆tablette(de chocolat)	タブレットゥ(ドゥ ショコラ)	板チョコレート
＊saison	セゾン	季節
＊printemps	プランタン	春
＊été	エテ	夏
＊automne	オトンヌ	秋
＊hiver	イヴェール	冬
＊neige	ネージュ	雪
＊fontaine	フォンテーヌ	フォンテーヌ：作業台やボールの中に小麦粉を盛って中央をくぼませた状態
☆fête	フェットゥ	祝日
＊Pâques	パーク	復活祭、イースター
＊Noël	ノエル	クリスマス
mariage	マリアージュ	結婚、組み合わせ
＊recette	ルセットゥ	調理法、レシピ
＊boulangerie	ブランジュリ	製パン業、パン屋
＊boulanger	ブランジェ	パン職人 （女性の場合は <ruby>boulangère<rt>ブランジェール</rt></ruby>）
☆chocolaterie	ショコラトゥリ	チョコレート製造販売店
＊chocolatier	ショコラティエ	チョコレート職人 （女性の場合は <ruby>chocolatière<rt>ショコラティエール</rt></ruby>）
＊confiserie	コンフィズリ	糖菓、糖菓製造販売店
glacerie	グラスリ	氷菓類、氷菓製造販売店
glacier	グラスィエ	氷菓職人 （女性の場合は <ruby>glacière<rt>グラスィエール</rt></ruby>）
＊pâtisserie	パティスリ	（生地を使った）菓子、菓子店
＊pâtissier	パティスィエ	菓子職人 （女性の場合は <ruby>pâtissière<rt>パティスィエール</rt></ruby>）
chef pâtissier	シェフ パティスィエ	製菓長
☆traiteur	トゥレトゥール	テイクアウト食料品店、ケータリング業者：菓子職人が兼任することが多い
＊viennoiserie	ヴィエノワズリ	菓子パン
café	カフェ	カフェ、喫茶店
salon de thé	サロン ドゥ テ	ティールーム
laboratoire	ラボラトワール	（製菓の）仕事場
☆maison	メゾン	家 〔名詞〕/自家製 （特製）の 〔形容詞〕
tablier	タブリエ	エプロン、前掛け
torchon	トルション	布巾

フランス語	発　音	日本語訳
Préposition / Adverbes	プレポズィスィョン/アドヴェルブ	前置詞/副詞
à (au, à la, aux)	ア（オ、アラ、オ）	〜で、〜に、〜まで、〜のための　（に）
à l'aide de	ア レードゥ ドゥ	〜で、〜を使って、〜を用いて
après	アプレ	〜の後で、次に
avant	アヴァン	〜の前に
assez	アセ	十分に、かなり
avec	アヴェック	〜と一緒に、〜で、〜を使って　（= à l'aide de）
beaucoup	ボク	たくさん、とても
bien	ビヤン	よく、しっかり
dans	ダン	〜の中に(で)、〜に、〜で / 後に
de (du, de la, des)	ドゥ（デュ、ドゥラ、デ）	〜から、〜の
doucement	ドゥスマン	優しく、そっと
en	アン	〜に、〜の状態に、〜でできた
énergiquement	エネルジックマン	力強く、激しく
encore	アンコール	また、再び、もっと、さらに
ensemble	アンサンブル	一緒に、まとめて
entre	アントル	(時間、空間で) 〜の間に
environ	アンヴィロン	約、およそ
jusqu'à	ジュスカ	〜まで
moins	モワン	より少なく　　plus：より多く（ブリュ）
légèrement	レジェルマン	軽く
lentement	ラントマン	ゆっくりと、徐々に
pendant	パンダン	〜の間
peu	プ	少し、ちょっと
un peu de	アン プ ドゥ	少量の、少しの
une pincée de	ユヌ パンセ ドゥ	一つまみの
pour	プール	〜のために　（の）
puis	ピュイ	次に、それから
rapidement	ラピッドマン	速く、すばやく
sans	サン	〜なしに、〜せずに
sous	ス	〜の下に　（で）
sur	スュール	〜の上に　（で）
soigneusement	ソワニュズマン	丁寧に、念入りに
vigoureusement	ヴィグルズマン	勢いよく、力強く

フランス語	発　音	日本語訳
Adjectifs / Formes	アドジェクティフ / フォルム	形容詞/形
＊acide	アスィドウ	酸っぱい
☆ambré(e)	アンブレ	琥珀色の
＊amer・amère	アメール	苦い
☆beige	ベージュ	ベージュ色の
＊blanc・blanche	ブラン・ブランシュ	白い
bleu(e)	ブル	青い
＊bon・bonne	ボン・ボンヌ	良い、美味しい
boule	ブール	球、玉
＊brun・brune	ブラン・ブリュンヌ	褐色の
＊chaud・chaude	ショ・ショードゥ	熱い、温かい
☆carré(e)	カレ	四角い、正方形の
conique	コニック	円錐（形）の
☆couronne	クロンヌ	王冠、冠形
＊croquant・croquante	クロカン・クロカントゥ	パリパリした、かりっとした
＊croustillant・croustillante	クルスティヤン・クルスティヤントゥ	カリカリ（こりこり）した、歯ごたえのある
cru(e)	クリュ	生の
☆cube	キュブ	立方体〔名詞〕/ 立方の（形容詞）
cylindrique	スィランドリック	円筒形の、円柱状の
dense	ダンス	濃い、濃密な
＊doré(e)	ドレ	黄金色の、金色の
＊doux・douce	ドゥ・ドゥース	甘い、柔らかい
dur(e)	デュール	固い、硬い
☆épais・épaisse	エペ・エペス	厚い、濃い、濃厚な
épicé(e)	エピセ	スパイスの効いた、香辛料の入った
＊étoile	エトワル	星形
☆étoilé(e)	エトワレ	星形の、放射状の
ferme	フェルム	しっかりした、歯ごたえのある
＊fondant・fondante	フォンダン・フォンダントゥ	とろけるような、口の中で溶ける
＊frais・fraîche	フレ・フレッシュ	新鮮な、生の、冷たい
＊froid・froide	フロワ・フロワドゥ	冷たい
＊grand・grande	グラン・グランドゥ	大きい
＊jaune	ジョーヌ	黄色い
＊noir(e)	ノワール	黒い

フランス語	発　音	日本語訳
＊glacé(e)	グラセ	糖衣をつけた / 凍った、冷たい
＊léger・légère	レジェ・レジェール	軽い
☆lisse	リス	滑らかな、すべすべした
＊losange	ロザンジュ	菱形
☆lourd・lourde	ルール・ルルドゥ	重い
＊marron	マロン	栗色の
mousseux・mousseuse	ムス・ムスーズ	泡立つ、ふんわりした
mou・mol・molle	ム・モル・モル	柔らかい
☆nouveau・nouvel・nouvelle	ヌヴォ・ヌヴェル・ヌヴェル	新しい
＊orange	オランジュ	オレンジ色　〔名詞〕/ オレンジ色の　〔形容詞〕
☆ovale	オヴァル	楕円形　〔名詞〕/ 楕円形の　〔形容詞〕
＊petit・petite	プティ・プティットゥ	小さい
☆piquant・piquante	ピカン・ピカントゥ	（味の）辛い、ピリッとした
rectangle	レクタングル	長方形
riche	リッシュ	豊かな
＊rond・ronde	ロン・ロンドゥ	円〔名詞〕/ 丸い　〔形容詞〕
＊rosace	ロザス	バラ模様
＊rose	ローズ	バラの花　〔名詞〕/ ばら色　（ピンク）の　〔形容詞〕
＊rouge	ルージュ	赤い
＊ruban	リュバン	リボン　〔名詞〕/ リボン状の　〔形容詞〕
＊salé(e)	サレ	塩味の、塩辛い
＊sec・sèche	セック・セッシュ	干した、乾いた
＊sucré(e)	スュクレ	甘い、砂糖入りの
＊tiède	ティエードゥ	生温かい、生ぬるい
＊triangle	トリアングル	三角形
vert・verte	ヴェール・ヴェルトゥ	緑色の
violet・violette	ヴィオレ・ヴィオレットゥ	紫色の
français・française	フランセ・フランセーズ	フランスの
japonais・japonaise	ジャポネ・ジャポネーズ	日本の

PANIFICATION

製パン用単語

フランス語	発音	日本語訳
Panification	パニフィカスィョン	パン製造、パン作り
Etapes（verbes et noms）	エタップ（ヴェルブ エ ノン）	工程　（動詞と名詞）
fermentation	フェルマンタスィョン	発酵
méthode de fermentation	メトッドゥ ドゥ フェルマンタスィョン	発酵法
méthode directe	メトッドゥ ディレクトゥ	ストレート法、直接法
méthode indirecte	メトッドゥ アンディレクトゥ	中種法、間接法
méthode poolish	メトッドゥ ポーリッシュ	ポーリッシュ（水種）法
peser	プゼ	（重さを）量る
délayage	デレイヤージュ	（粉などを液体で）溶くこと、混ぜ合わせること
délayer	デレイエ	（粉などを液体で）溶く、混ぜ合わせる
tamiser	タミゼ	ふるう、ふるいにかける
dosage	ドザージュ	調合
frasage	フラザージュ	（最初に）パン生地の材料を混ぜること
pétrissage	ペトリサージュ	（粉などを）こねること、ミキシング
pétrir	ペトリール	（粉などを）こねる、練る
bassinage	バスィナージュ	（ミキシングの途中で）水を加えること
contre frasage	コントル フラザージュ	（ミキシングの途中で生地がべとつくときに）少量の小麦粉を加えるこ
pointage	ポワンタージュ	１次発酵、フロアタイム
rompre	ロンプル	（１次発酵して膨らんだ生地を押えて）ガス抜きをする
rabat	ラバ	パンチ：ガス抜き　（= rabattage） ラバタージュ
division	ディヴィズィヨン	分割
diviser	ディヴィゼ	分割する
boulage	ブラージュ	丸め
bouler	ブレ	丸める：発酵ででたガス抜きのため表面が丸くなるよう折り込む
repos	ルポ	ベンチタイム：丸めた生地を休ませること
façonnage	ファソナージュ	成形
façonner	ファソネ	成形する
allonger	アロンジェ	伸ばす、長くする
fleurage	フルラージュ	（生地が粘着しないように）粉を振りかけること
apprêt	アプレ	２次発酵、（ホイロとも言う）
grignage	グリニャージュ	（窯入れ前に）生地の表面に切りこみを入れること
coupe	クープ	切りこみ、クープ
dorer	ドレ	（窯入れ前の）生地の表面に溶き卵を塗る
enfournement	アンフルヌマン	窯入れ　（= mis au four） ミ ゾ フール

フランス語	発音	日本語訳
enfourner	アンフルネ	窯入れする （= mettre au four）メットル オ フール
buée	ビュエ	（パンを焼く直前に窯に入れる）水蒸気
cuisson	キュイッソン	焼成
cuire	キュイール	焼く、加熱処理する
ressuage	ルシュアージュ	（焼きあがったパンを）冷まし、水蒸気を出させること
ferré	フェレ	底が焦げた
défournement	デフルヌマン	窯出し
défourner	デフルネ	窯出しする
Ustensiles / Matériel	ユスタンスィル / マテリエル	道具/機器
bac à pâtons	バッカ パトン	パトン用トレイ
balance	バランス	秤、スケール　balance digitale：デジタルスケールバランス ディジタル
banneton	バヌトン	発酵かご
bassine / bol	バスィーヌ / ボル	ボール　（= cul de poule）キュ デゥ プール
brosse(à pain)	ブロス（ア パン）	（パン用）ブラシ
casserole	カスロール	片手鍋、キャセロール
chambre froide	シャンブル フロワドゥ	パイルーム、冷蔵室
ciseaux	スィゾ	はさみ
congélateur	コンジェラトゥール	冷凍庫
corne	コルヌ	カード
(toile à)couche	クーシュ	キャンバスシート、パンマット：パン生地を載せるひだのついた布
cuiller(cuillère)	キュイエール	さじ、スプーン　cuiller à café：小さじカフェ　cuiller à soupe：大さじスープ
coupe-pâte	クープ パートゥ	スケッパー
couteau	クト	ナイフ
couteau-scie	クト スィ	ウエーブナイフ、波刃ナイフ
découpoir	デクポワール	抜き型
diviseuse	ディヴィズーズ	分割器
dough conditionner	ドゥ コンディショネ	ドゥコンディショナー：冷凍、解凍、発酵を自動でする機械
douille	ドゥイユ	口金　poche à douille：口金つき絞り袋ポシュ ア ドゥイユ
échelle	エシェル	ラック　（= étagère）エタジェール
étuve	エテューヴ	ホイロ：生地を発酵させるときに用いる保温装置
façonneuse	ファソヌーズ	モルダー：成形機
fouet	フエ	ホイッパー、泡だて器
four	フール	パン焼き窯、オーブン
four à sol	フール ア ソル	平窯

フランス語	発音	日本語訳
four ventilé	フール ヴァンティレ	コンベクションオーブン
gans	ガン	オーブンミトン
grille	グリーユ	(ケーキ) クーラー
lame(de boulanger)	ラム (ドゥ ブランジェ)	クープナイフ
laminoir	ラミノワール	パイシーター、リバースシーター
minuteur	ミニュトゥール	タイマー
moule	ムル	型
pelle	ペル	ピール、窯ベラ
pelle à farine	ペル ア ファリーヌ	粉スコップ
pétrin	ペトラン	(パン生地の) 練り桶、ミキサー　(= pétrin mécanique) ペトラン メカニック
pinceau	パンソ	はけ
planche	プランシュ	取り板
plaque(à four)	プラック (ア フール)	(オーブン用) 天パン
poche	ポシュ	絞り袋　poche à douille：口金つき絞り袋 ポシュ ア ドゥイユ
réfrigérateur	レフリジェラトゥール	冷蔵庫　(= frigo, frigidaire) フリゴ フリジデール
règle	レーグル	定規
rouleau	ルロ	麺棒
roulette à pâte	ルレットゥ ア パートゥ	パイカッター
spatule	スパチュール	へら、スパテラ
tamis	タミ	ふるい
thermomètre	テルモメートル	温度計　thermomètre digital：デジタル温度計 テルモ メートル ディジタル
torchon	トルション	ふきん
trébuchet	トレビュシェ	竿秤、精密秤
pulvérisateur	ピュルヴェリザトゥール	噴霧器、吹きつけ器
verre gradué	ヴェール グラデュエ	計量カップ
Ingrédients	アングレディァン	材料
avoine	アヴォワーヌ	エンバク
céréale	セレアル	穀物、穀類
eau	オ	水
son	ソン	ふすま
œuf・œufs	ウフ・ウ	卵
farine biologique	ファリーヌ ビオロジック	有機 (オーガニック) 小麦粉
farine d'avoine	ファリーヌ ダヴォワーヌ	エンバク粉、オートムギ粉
farine de blé	ファリーヌ ドゥ ブレ	小麦粉

フランス語	発　音	日本語訳
farine complète	ファリーヌ コンプレートゥ	全粒粉、グラハム粉
farine de force	ファリーヌ ドゥ フォルス	強力粉
farine de gluten	ファリーヌ ドゥ グリュテヌ	グルテン粉、小麦蛋白
farine de gruau	ファリーヌ ドゥ グリュオ	上質　（特級）強力粉
farine d'orge	ファリーヌ ドルジュ	大麦粉
farine de riz	ファリーヌ ドゥ リ	米粉
farine de sarrasin	ファリーヌ ドゥ サラザン	そば粉
farine de seigle	ファリーヌ ドゥ セーグル	ライ麦粉
farine de son	ファリーヌ ドゥ ソン	ふすま入り小麦粉
levain	ルヴァン	発酵種、ルヴァン種：小麦粉、ライ麦粉、水を合わせて作る発酵種
levain levure	ルヴァン ルヴュール	イーストで種を起こした発酵種
levain mixte	ルヴァン ミクスト	発酵させた生地を利用した発酵種
levain naturel	ルヴァン ナチュレル	自然発酵種 ：野生の酵母や自然に存在する酵母で発酵した種
levure	ルヴュール	酵母、イースト
levure biologique	ルビュール ビオロジック	有機天然酵母
levure de boulanger	ルヴュール ドゥ ブランジェ	パン酵母、生イースト
œuf	ウフ	卵
sel	セル	塩
sucre	スュークル	砂糖
Additifs	アディティフ	添加物
améliorant	アメリオラン	安定剤
farine de blé malté	ファリーヌ ドゥ ブレ マルテ	小麦麦芽粉
farine de fèves	ファリーヌ ドゥ フェーヴ	ソラマメ粉
farine de soja	ファリーヌ ドゥ ソジャ	大豆粉
malt	マルト	モルト、麦芽
Autres	オトル	その他
arôme	アローム	アロマ、香り
détrempe	デトランプ	デトランプ：小麦粉に水、塩を加えて混ぜ合せた生地
dorure	ドリュール	塗り卵、溶き卵
farce	ファルス	フィリング、詰め物：パンに詰める具
glaçage	グラサージュ	アイシング：パンの表面に塗って甘みを加えるための糖衣
pâte fermentée	パートゥ フェルマンテ	発酵生地
pâton	パトン	（基本分量で作った一塊の）生地
pain au levain	パン オ ルヴァン	発酵種 （ルヴァン種）を使って焼くパン：日本では天然酵母パンと言うことが多い

フランス語	発　音	日本語訳
viennoiserie	ヴィエノワズリ	菓子パン
croûte	クルートゥ	パンの皮、クラスト
mie	ミ	パンの身、クラム
gluten	グリュテヌ	グルテン
gaz carbonique	ガズ カルボニック	炭酸ガス
saucisson	ソスィソン	（数本の切りこみが入った）棒状パン
pain rustique	パン リュスティック	リュスティック：成形せずに焼くパン　rustique：田舎風の
Q.S.（quantité suffisante）	カンティテ スュフィザントゥ	適量

はじめに・改訂にあたって

　このテキストは、「新・現場からの調理フランス語」の姉妹版です。このテキストもまた先例にならって現場主義に徹して作られました。製菓専門学校の教師とフランス語教師を中心としたチームに、フランス語の大学教授やフランス菓子のオーナーシェフにご協力をいただき、現場でもっとも必要とされる「お菓子づくりのためのフランス語」に絞り込み、「調理」とは独立して使えるよう組み立てられています。文法のテキストとしては不十分かもしれませんが、現場のテキストとしては十分に役立つことを狙って作られました。

　調理のテキストとの違いは、お菓子にまつわるさまざまなお話を基にしたフランス語がたくさん盛り込まれていることです。フランスのお菓子はプライベートな記念日、ファミリーのお祝はもちろんですが、宗教的行事、例えば、復活祭、クリスマス、多くの聖人の祝祭日などを背景に出来上がったもの、あるいは、歴史的なエピソードに由来したものなど、が多くあります。このテキストから、できるだけたくさんのお話を通じて生き生きとしたフランス語を知ってもらい、お菓子づくりの甘いイメージをたっぷりふくらませてもらいたいと思います。

　2014年改訂版では製パン部門を強化しました。パン作りを目指す人たちにすぐに使ってもらえるよう、単語帳では製菓と製パンを別にしています。

　また、コラムをさらに充実させました。フランス人の朝食やバケットの最新情報、バケットコンクールのことなど、さらに、チョコレートとカカオ豆に関する幅広い知識と詳しい情報など盛りだくさんです。

　テキストとしては、一応順序どおりに進める形をとっていますが、レッスンの間にさまざまな寄り道を用意し、どこからアプローチしてもいいように構成しています。例えば、レシピから入って基礎レッスンに入る、あるいは、コラムから単語を覚える、お菓子の名前を最初に徹底的に覚えて全体の流れに入って行く、レッスンの途中でレシピや会話に飛ぶなど、自由に使うことでよりスピーディーにフランス語の楽しさを体感できるように考えました。

　お菓子は料理に比べるとかなりシンプルですが、料理の世界と違うのはイメージをふくらませるための沢山の要素が必要なことです。なぜなら、お菓子にはあらゆる世代の人をとりこにするための豊かなファンタジーの世界を構築することが求められるからです。

　このテキストを手がかりに、たくさんのイメージの種をフランス語からつかんで下さい。フランス語の柔らかな音のハーモニーがお菓子のとろける美味しさを生み出してくれるはずです。

　このテキストが皆さんにとって、素敵に甘いフランス語の Pâte（生地）となることを願っています。

Bon　Courage !

2014年3月　著者

も く じ

アルファベットと発音
Bonjour ! Ça va ?　　こんにちは！　元気？

基礎編　　　　　菓子・デザート名の書き方

Leçon 1　Gâteau とTarte　（ケーキとタルト）　　　　14
　1．男性名詞と女性名詞
　　　　　　NOTE　パティスリーとガトー　　　　15
　2．単数形と複数形
　3．特殊な名詞
　　　　　　NOTE　ドラジェ　　　　19
　4．名詞のまとめ　　　　製菓の基本材料　スペルを覚えよう
　　　みんなが知っているフランス語　　　　21

Leçon 2　Tarte aux pommes　（リンゴのタルト）　　　　22
　1．【aux】の役割
　2．【aux】の仲間：au, à la, à l', aux
　　　　　　　　　　　　　　　　　　　　　　　　　　　　～発音してみよう～
　　　　　　　　　　　　　　　　　　　　　　　　　　　　～発音してみよう～
　　　　　　コラム　フランスのお菓子屋さん　　　　25
　菓子・デザート名の書き方　パターンⅠ
　　　　　　　　　　　　　　　　　　　　　　　　　　　　～発音してみよう～
　菓子名や材料は、単数形？複数形？　　　　　　　　　　　　　　～発音してみよう～　29

Leçon 3　Clafoutis à la banane et au chocolat　　　　30
　　　　　　（バナナとチョコレートのクラフティ）
　菓子・デザート名の書き方　パターンⅡ
　　　　　　NOTE　ショソン　　　　31
　　　　　　コラム　お菓子とデザート菓子、アントルメ　　　　33

Leçon 4　Confiture de framboises　（木イチゴのジャム）　　　　34
　1．【de】の役割
　2．【de】のかたち
　3．【de, d'】と【au, à la, à l', aux】の使い方のまとめ
　菓子・デザート名の書き方　パターンⅢ
　　　　　　NOTE　ビスキュイとジェノワーズ　　　　37
　お菓子・デザート名の書き方に決まりはあるの？　　　　39
　　　　　　　　　　　　　　　　　　　　　　　　　　　　～発音してみよう～

Leçon 5   Marrons glacés   (マロン　グラッセ)   40

  1．形容詞の形と発音

  2．形容詞の位置   ～発音してみよう～

           NOTE   形容詞 glacé の様々な顔   43

  3．菓子・デザート名によく使われるその他の形容詞

           NOTE   パートゥとパータ   ～発音してみよう～   45

  4．原則に当てはまらない形容詞

           コラム   お菓子の名前あれこれ   47

  5．形容詞のまとめ   覚えよう 色

                                                ～発音してみよう～

           NOTE   スフレって何？   50

           コラム   バレンタインデーとチョコレート   51

Leçon 6   Crêpe flambée   (クレープのフランベ)   52

  1．作り方：動詞から過去分詞（～した）を作る

  2．使い方：形容詞として使う

  3．特殊な過去分詞

  菓子・デザート名の書き方　パターンⅣ

           NOTE   プリンはフランス語で何というの？   56

           コラム   フランスのパン屋さん   57

                     パンのいろいろ   58

                     パリで一番おいしいバゲット   60

           コラム   チョコレートあれこれ   61

                     サロン・デュ・ショコラ   62

                     カカオ豆の豆知識   63

Leçon 7   Tarte aux pommes à l'alsacienne   (アルザス風リンゴのタルト)   64

  1．人名や地名を表すとき

  菓子・デザート名の書き方　パターンⅤ

           コラム   Choux と仲間たち   67

Leçon 8   Sauce et Coulis   (ソースとクーリ)   68

  1．ソース名の書き方

  2．ソース名の位置

           NOTE   Crème あれこれ   69

  デザートメニューの書き方は？   70

           コラム   パティシエの勲章   71

菓子・デザート名の書き方のまとめ   72

フランス語のつづり字と発音の規則   74

         練習問題

コラム	パリのサロン・ド・テ	81
	季節と祝祭日	82
	お菓子によく使う言葉	83
	郷土・季節・祝祭とお菓子	84
	クグロフ／マカロン／マドレーヌ	86
	ババ・オ・ロム／アントナン・カレーム	87
	果物とはちみつとお酒	88
NOTE	お菓子とスパイス	89
	お菓子とお酒	
コラム	外国から来たお姫様とお菓子	90

　　　　　　　　パリにアイスクリームとチョコレートを流行らせた
　　　　　　　　カフェ「ル・プロコップ」

ルセット編 91

Leçon 1　ルセットの読み方 92
ルセットの組み立て
材料と分量の表し方
形と大きさの表現

Leçon 2　ルセットの読み方 94
１）動詞の不定形が使われる場合

Madeleines［マドレーヌ］　ルセットを訳してみよう

NOTE	道具 (1)	97
コラム	Moule à manqué ってなに？	
NOTE	計量と時刻・時間の表し方	98

覚えよう　一週間

| NOTE | あるパティシエールの１日 | 99 |

Sablés［サブレ］　ルセットを訳してみよう　　覚えよう　時間の表し方

| NOTE | Petits foursとは | 覚えよう　形 | 101 |

Leçon 3　ルセットの読み方 102
２）動詞の命令形が使われる場合

| NOTE | 軽く・やさしく・そっと・ていねいに | 103 |

Génoise［ジェノワーズ］　ルセットを訳してみよう

| NOTE | 道具 (2) | 105 |

Tarte aux pommes［リンゴのタルト］　ルセットを訳してみよう

| コラム | タルト・タタン | 107 |

覚えよう　味の表現

Leçon 4　ルセットの読み方　　　　　　　　　　　　108

le, la, l', les について

Galette des Rois ［ガレット・デ・ロワ］　ルセットを訳してみよう

Pâte à choux ［パータ・シュー］　ルセットを訳してみよう
　　　　　　　　　NOTE　道具 (3)　　　　　　　　　　　113

Leçon 5　ルセットの読み方　　　　　　　　　　　　114

重要表現のまとめ

Mousse au chocolat ［ムース・オ・ショコラ］　ルセットを訳してみよう
　　　　　　　　　コラム　映画「ショコラ」　　　　　　117

Bavarois à l'orange ［オレンジのバヴァロワ］　ルセットを訳してみよう
　　　　　　　　　　　　　　　　覚えよう　分数と序数

Glace à la vanille ［バニラのアイスクリーム］　ルセットを訳してみよう
　　　　　　　　　コラム　Poires（洋ナシ）“フランスでもっとも愛されている果物”　121

Leçon 6　ルセットの読み方 ― もっと詳しく学びたい人のために　122
　　　　　　　　　NOTE　道具 (4)　　　　　　　　　　　123
　　　　　　　　　NOTE　数字　　　　　　　　　　　　124
　　　　　　　　　コラム　Laboratoire　実験室・仕事場　124

会話編　　　　　　　　　　　　　　　　　　　　125

　　1）　ミキサーにかけていいですか？
　　2）　もっと早くしなさい　　　　　　覚えよう　un peu, assez, très, trop
　　3）　伸ばして、折って、回す
　　4）　オーブンに入れなさい
　　5）　ガレット・デ・ロワの準備
　　　　　　　　　コラム　アーモンドとお菓子　　　　　130
　　6）　気をつけて！　味が悪くなるよ
　　7）　木イチゴとオレンジで飾りなさい
　　8）　もうすぐ開店の時間だ！　　　　覚えよう　左／真中／右／上／下
　　9）　何になさいますか？
　　　　　　　　　NOTE　仕事場の見取り図　　　　　　135
　　数字／曜日・月・季節　　　　　　　　　　　　　136

［別冊］
　　単語集
　　解答集

新・現場からの
製菓フランス語

Le Français
Pour
La Pâtisserie

アルファベット（ alphabet ）と発音

フランス語のアルファベットは英語と同じ26文字からできている。
ただし読み方が違うので気をつけよう。

A	a	(a)	ア		N	n	(ɛn)	エヌ
B	b	(be)	ベ		O	o	(o)	オ
C	c	(se)	セ		P	p	(pe)	ペ
D	d	(de)	デ		Q	q	(ky)	キュ
E	e	(ə)	ウ		R	r	(ɛ:r)	エール
F	f	(ɛf)	エフ		S	s	(ɛs)	エス
G	g	(ʒe)	ジェ		T	t	(te)	テ
H	h	(aʃ)	アシュ		U	u	(y)	ユ
I	i	(i)	イ		V	v	(ve)	ヴェ
J	j	(ʒi)	ジ		W	w	(dubləve)	ドゥブルヴェ
K	k	(ka)	カ		X	x	(iks)	イクス
L	l	(ɛl)	エル		Y	y	(igrɛk)	イグレック
M	m	(ɛm)	エム		Z	z	(zɛd)	ゼド

母音字：a, e, i, o, u, y

子音字：その他の文字

アクサン記号

次のような記号のついた文字が使われる。

é	アクサン・テギュ　(accent aigu)
à, è, ù	アクサン・グラーヴ　(accent grave)
â, ê, î, ô, û	アクサン・スィルコンフレックス　(accent circonflexe)
ç	セディーユ　(cédille)
ë, ï, ü	トレマ　(tréma)

1. 母音字の上につくフランス語独特の記号を「アクサン記号」という。

アクサン記号は、音の強弱を表すアクセントとは関係ないよ

2. セディーユは、「サ行」の音になることを示す。

　　leçon（ルソン）　　Ça va（サヴァ）

3. トレマがついている母音字は、前の母音字と分けて別々に発音する。

　　Noël（ノエル）

☞注意

* 【 h 】は発音しない。

　　hôtel（オテル）　　thé（テ）

* 単語の最後にある子音字は発音しないことが多い。

　　abricot（アブリコ）　　riz（リ）

Bonjour！ "こんにちは！"

- Bonjour, mademoiselle.　　　こんにちは。
- Bonjour, monsieur.　　　こんにちは。
  Je m'appelle Miki. Enchantée.　　私の名前はミキです。はじめまして。

Bonjour, monsieur.　　こんにちは　（男性に対して）

Bonjour, madame.　　こんにちは　（既婚女性に対して）

Bonjour, mademoiselle.　　こんにちは　（未婚女性に対して）

シェフには　　Bonjour, chef.

友達同士では　　Salut !　こんにちは / さようなら

Bonsoir.　　今晩は / さようなら

Bonne nuit.　　お休みなさい

Au revoir, à tout à l'heure.　　さようなら、ではのちほど

Au revoir, à bientôt.　　さようなら、また近いうちに

Au revoir, à demain.　　さようなら、また明日

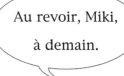

Ça va?　"元気？"

> - Bonjour, Miki.　Ça va ?　　　こんにちは、ミキ。元気？
> - Oui, ça va.　Et vous ?　　　はい、元気です。あなたは？

親しい間柄では

Oui, ça va. Et toi ?　　　　　はい、元気よ。きみは？

丁寧に言うには最後にmerci をつけて、

Ça va bien, merci.　　　　　元気です、ありがとう。

- Merci beaucoup.　　　　　どうもありがとう。
- De rien. / Je vous en prie.　どういたしまして。

S'il vous plaît.　　　　　　　どうぞ / お願いします（呼びかけ）

Pardon, monsieur.　　　　　すみません。（呼びかけ）

Pardon, monsieur.　　　　　すみません。（ごめんなさい）

> - Au travail !　さあ、仕事だ！　　　Bon courage !　頑張って！
> - Oui, chef.　はい、シェフ

基礎編
[菓子・デザート名の書き方]

名詞

au, à la, à l', aux

de, d'

形容詞

〜風

ソース名

まとめの図式

Leçon 1　Gâteau　と　Tarte
　　　　　　　（ケーキ）　　　　（タルト）

名詞【gâteau】と【tarte】を辞書で調べてみよう。

gâteau…「ガト」　　　男 菓子、ケーキ

tarte……「タルト」　　女 タルト

1.　男性名詞と女性名詞

フランス語の全ての名詞は「男性名詞」か「女性名詞」のどちらかに決められている。

　　　辞書での表記　男 または　n.m.　………男性名詞

　　　　　　　　　　女 または　n.f.　………女性名詞

練習 次の名詞が男性名詞か女性名詞かを辞書で確かめてみよう。

　　　　　　　　　発　音　　　　　　　　　日本語訳　　　　　　　　男・女

① fruit　　　（　　　　　　）　……………………………　………………

② cerise　　（　　　　　　）　……………………………　………………

③ pomme　（　　　　　　）　……………………………　………………

「男性名詞」か「女性名詞」かは
単語を1つ1つ調べていくしかないけど、
《 e 》で終わる名詞は女性名詞のことが多いよ

 ## パティスリーとガトー

　pâtisserie は小麦粉を練った生地 (pâte)で作るお菓子（スポンジケーキ、タルト、シュー菓子、クッキー等）の総称ですが、1個1個のお菓子には gâteau が一般的に使われます。cake という言葉もよく見かけますが、これはイギリスから伝わったドライフルーツの入っている「パウンドケーキ」のことです。しかし、今では gâteau と cake の区別はあいまいになっています。また、野菜やハム等の入った塩味のものを cake salé と言います。フランスにも「パウンドケーキ」と同じように小麦粉、バター、砂糖、卵を同じ比率で作る quatre-quarts（4分の4という意味）がありますが、これには普通ドライフルーツが入っていません。

　日本でもすでによく使われているパティシエ（pâtissier）という言葉は、pâtisserie を作る人という意味です。

2.　単数形と複数形

複数形の作り方

フランス語の名詞は「単数形」と「複数形」がある。

「複数形」は原則的に「単数形」に【 s 】をつけてつくる。

作り方	単数形		複数形
	tarte	→	**tartes**

練習　次の名詞の日本語訳および男性名詞か女性名詞かを調べ、複数形も作ってみよう。

　　　　　　　　発　音　　　　　日本語訳　　　　　男・女　　　　　複数形

① framboise　（　　　　）　……………………………　………　……………

② citron　　　（　　　　）　……………………………　………　……………

③ orange　　 （　　　　）　……………………………　………　……………

例　外

(1)【 s, x, z 】で終わる名詞は複数形になっても形は同じ。

例	単数形		複数形
	cassis	→	……………
	noix	→	……………
	riz	→	……………

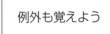

例外も覚えよう

(2)【 u 】で終わる名詞の複数形は、次のようになる。

　　【 au, eau, eu 】で終わる名詞　…　【 x 】をつける。

　　　　例　　gâteau　→　gâteaux

　　【 ou 】で終わる名詞　…　原則として【 s 】をつけるが、【 x 】をつけるものがある。

　　　　例　　chou　→　choux

複数形の発音

複数形を表す文字【 s, x 】は発音しない。

<table>
<tr><td>単数形</td><td></td><td>複数形</td></tr>
<tr><td>po̎mme
ポム</td><td>→</td><td>po̎mmes
ポム</td></tr>
<tr><td>chou
シュー</td><td>→</td><td>choux
シュー</td></tr>
</table>

例　外

卵を表すフランス語【 œuf 】は複数形になると発音が変る。

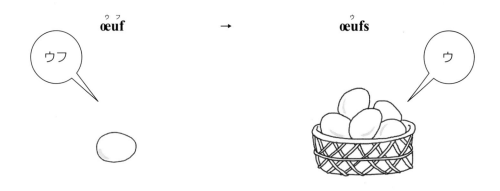

練習　次の名詞の日本語訳および男性名詞か女性名詞かを調べ、複数形も作ってみよう。

　　　　　　　　　発　音　　　　　日本語訳　　　男・女　　複数形

① myrtille　（　　　　　）..................　..........　..................

② ananas　（　　　　　）..................　..........　..................

③ pruneau　（　　　　　）..................　..........　..................

④ fraise　（　　　　　）..................　..........　..................

⑤ riz　（　　　　　）..................　..........　..................

3.　　特殊な名詞

男性名詞と女性名詞

(1) 「名詞＋形容詞」、「形容詞＋名詞」からできた単語の場合

　　名詞の性が単語の性になる

　　　　　例　　　citron vert　→　男性名詞
　　　　　　　　　 男　　形

(2) 【 de, de la, des 】で結ばれた名詞の場合

　　最初の名詞の性になる

　　　　　例　　　fruit de la passion　→　男性名詞
　　　　　　　　　 男　　　　女

　　　　　　　　　fraise des bois　→　女性名詞
　　　　　　　　　 女　　　男

複数形の作り方

(1) 「名詞＋形容詞」あるいは「形容詞＋名詞」の場合

　　それぞれの単語を規則に従って複数形にする

　　　　例　　citron vert　→　citrons verts

(2) 【 de, de la, des 】で結ばれた名詞は、最初の名詞だけを複数形にする。

　　　　例　　fraise des bois　→　fraises des bois

(練習) 次の単語を複数形にし、発音してみよう。

　　　　　　　　　　　複数形　　　　　　　　　　　発　音

① graine de pavot　　…………………………………　（　　　　　　　）

② patate douce　　…………………………………　（　　　　　　　）

③ noix de pécan　　…………………………………　（　　　　　　　）

ドラジェ（dragée）

　Dragée（ドラジェ）という小さな砂糖菓子を知っていますか。アーモンドに砂糖の衣をかけた糖菓で、表面は白、水色、ピンク等に色づけされています。アーモンドを核にして周りに糖衣の層を幾重にも重ねるドラジェの製造方法は日本の金平糖の作り方によく似ています。ドラジェは祝い事には欠かせないお菓子で、赤ちゃんの誕生、洗礼、婚約、結婚の時などに贈られます。白いドラジェは結婚式で配られ、男の子の誕生にはブルーのドラジェが、女の子の誕生にはピンクのドラジェが、レースの袋等に入れられ可愛らしく包装されプレゼントされます。起源はギリシャ・ローマ時代にさかのぼり、その頃はアーモンドにハチミツをかけていました。15世紀頃ヨーロッパで本格的に砂糖の生産が行われてから現在のドラジェになっていきます。フランス、ロレーヌ地方の Verdun（ヴェルダン）という町は、17世紀にフランス王家の洗礼式のためのドラジェを製造して以来今日までドラジェの町として知られています。ドラジェは19世紀中ごろまでは職人による手仕事で作られていましたが、現在は専用の機械で作られます。

4.　名詞のまとめ

フランス語の名詞の特徴

男性名詞か女性名詞かに決められている。

単数形と複数形がある。ただし、発音は同じ。

複数形の作り方

| 原則 | 単数形に【 s 】をつける

| 例外 | 【 s, x, z 】で終わる名詞…………………単数形と同じ

【 au, eau, eu 】で終わる名詞………【 x 】をつける

【 ou 】で終わる名詞の一部 …………【 x 】をつける

製菓の基本材料　スペルを覚えよう

小麦粉 ……………………………………

砂糖 ………………………………

バター ……………………………………

塩　……………………………………

牛乳　……………………………………

生クリーム …………………………

卵 …………………… 卵黄 ……………………… 卵白 ……………………………

20

みんなが知っているフランス語

私たちが日常使っている言葉の中にはフランス語がたくさんあるよ。
次の言葉のもとになるフランス語の番号を選んでみよう。

シェフ　　　　（　　）　　マロン　　　　（　　）

クロワッサン　（　　）　　ソムリエ　　　（　　）

エクレア　　　（　　）　　グルメ　　　　（　　）

カフェオレ　　（　　）　　ビストロ　　　（　　）

ルージュ　　　（　　）　　マドレーヌ　　（　　）

プチ　　　　　（　　）　　キャラメル　　（　　）

バヴァロワ　　（　　）　　ムース　　　　（　　）

クレープ　　　（　　）　　ポシェット　　（　　）

(1) caramel　(2) sommelier　(3) marron　(4) gourmet
(5) mousse　(6) bistro　(7) madeleine　(8) petit
(9) croissant　(10) éclair　(11) pochette　(12) crêpe
(13) chef　(14) café au lait　(15) bavarois　(16) rouge

覚えよう

パティスィエ
pâtissier

パティスィエール
pâtissière

Leçon 2　Tarte aux pommes
（リンゴのタルト）

1.　【 aux 】の役割

菓子名の中で、《aux》の後にくる語は主に次のことを表す。

　　　中に入れたもの　（材料として加えたもの・風味づけに加えたもの）

2.　【 aux 】の仲間

【 aux 】の仲間には、次のような形がある。

　　　　　　Sablés **au** café　　　　コーヒー（風味の）サブレ

　　　　　　Glace **à la** vanille　　　バニラ（風味の）アイスクリーム

　　　　　　Sorbet **à l'**orange　　　オレンジ（風味の）シャーベット

　　　　　　Tarte **aux** fraises　　　イチゴ（入り）のタルト

　　　役割は《 aux 》の仲間たち全部に当てはまるよ
　　　では、この４つはどのように使い分けるのだろうか？

後に続く名詞によって変化する

au （オ）　男性名詞・単数形の前にくるとき　　　　　　　　　例 au chocolat

à la （ア ラ）　女性名詞・単数形の前にくるとき　　　　　　　　例 à la vanille

à l' （ア）　母音字で始まる単数形の名詞、あるいは
　　　　【h】で始まる単数形の名詞（例外有り）*の前にくるとき　例 à l'orange

aux （オ）　複数形の名詞の前にくるとき　　　　　　　　　　　例 aux pommes

＊P.123参照

発音に気をつけよう

【à l'】の発音は、【l】とそれに続く単語の最初の音を、ローマ字のように組み合わせて発音する。

（P.77参照）

練習　例にならって次の単語を発音してみよう。

例　　　ananas（アナナ（ス））　　→　　à l'ananas（ア ラ ナ ナ（ス））

　①　anis　　→　　à l'anis

　②　orange　　→　　à l'orange

　③　huile　　→　　à l'huile

〜 発音してみよう 〜

フランス語では単語の中で発音しない文字があるよ

h	haricot	thé
単語の最後の子音字	noix	riz
例 外　c, f, l, r は発音することが多い	sec　œuf　sel　noir	
単語の最後の【e】	pâtisserie	purée
複数を表す【s】あるいは【x】	pommes	gâteaux

23

問題 次の菓子名の下線部分に正しい単語を入れ、訳してみよう。

① Tarte .... myrtilles ....

② Soufflé .... Grand Marnier ....

③ Glace .... noix de coco ....

④ Tarte .... orange ....

⑤ Mousse .... café ....

⑥ Soufflé .... amandes ....

⑦ Macarons .... chocolat ....

⑧ Tartelettes .... pommes ....

〜 発音してみよう 〜

【 r 】の発音は？・・・・後の文字で決まるよ。

後に子音字がくるとき   「ル」

後に母音字がくるとき   【 r 】と母音字の音を組み合わせ、
                                ローマ字読みする

練習   écorce   myrtille   abricot   orange

コラム

フランスのお菓子屋さん

フランスのお菓子屋さんは次の3つに分けられます。

pâtisserie（パティスリ）　いわゆるケーキ屋さん。小麦粉を練った生地で作るお菓子（スポンジケーキ、タルト、シュー菓子、クッキー等）を中心に売っています。ケーキ類の総称も pâtisserie と言います。（P.15参照）

　　職人さん……… pâtissier（男性）　pâtissière（女性）（P.21参照）

confiserie（コンフィズリ）　砂糖菓子の店。bonbon（ボンボン）（キャンディ）の他、フランスの伝統的な砂糖菓子である dragée（ドラジェ）（P.19参照）や nougat（ヌガー）、fruit confit（フリュイ コンフィ）（砂糖漬けの果物）、pâte de fruits（パート ドゥ フリュイ）（ハードゼリー）などを売っています。砂糖菓子の総称も confiserie と言います。

　　職人さん……… confiseur（コンフィズール）（男性）　confiseuse（コンフィズーズ）（女性）

chocolaterie（ショコラトゥリ）　チョコレートの専門店。店の看板にはこの単語はあまり使われず、chocolat（ショコラ）（チョコレート）の方がよく使われます。チョコレートの他にハードゼリーをはじめとした砂糖菓子も売っている店も多いです。

　　職人さん……… chocolatier（ショコラティエ）（男性）　chocolatière（ショコラティエール）（女性）

それぞれの店が別々に独立しているのではなく、ほとんどの pâtisserie には砂糖菓子も置かれて、さらにチョコレート、アイスクリーム類もある店も多く見かけます。小さい店のほとんどは、boulangerie（ブランジュリ）（パン屋）も兼ねており、baguette（バゲットゥ）などのパンの他に viennoiserie（ヴィエノワズリ）と言われる菓子パンも売っています。
（コラム　フランスのパン屋さんP.57～P.60 参照）

またフランスの pâtisserie の特徴は、traiteur（トレトゥール）と言われる、サンドイッチやキッシュ、サラダ類等の簡単な惣菜を売るコーナーもあることです。持ち帰りの他に、パーティの時などに予約しておけば、当日人数分の料理を持ってきてくれます。日本のように出前のサービスのないフランスでは、大勢の来客の時などにはとても便利です。大きい店になると、salon de thé（サロン ドゥ テ）（ティールーム）＊が併設されており、店で作られたケーキ類や飲み物の他に軽い食事もできるので、昼食時にはお客さんで賑わいます。

氷菓類は glacerie（グラスリ）と言い、専門店もあります。また職人さんを glacier（グラスィエ）と言います。

＊P.81「パリのサロン・ド・テ」参照

菓子・デザート名の書き方　パターンⅠ

菓子・デザート名を書くときの基本的な構成

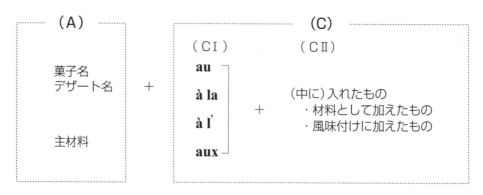

(1) （A）の部分では、「ムース」や「アイスクリーム」のように出来上がりの菓子やデザートの名前があるときはそれから書き始める。ないときは材料名から書き始める。

(2) （CⅠ）は、（CⅡ）部分のフランス語によって、文法的に正しいものを選ぶ。（P.23参照）
また、（CⅠ）が省かれることもある。

> 例　　Tarte au chocolat　＝　Tarte chocolat
>
> 　　　Glace à la vanille　＝　Glace vanille

(3) （CⅡ）部分で次のような材料は単数形にする。

① 数えられない名詞

> 例　　fromage　　chocolat　　beurre　　seigle　　lait　　miel

② 風味を表すもの（スパイス・香料、アルコール類、ハーブ類、柑橘類等）

> 例
>
> スパイス・香料：　cannelle　　vanille　　girofle　　poivre　　anis
>
> アルコール：　　　calvados　　Grand Marnier　　rhum　　cointreau
>
> ハーブ：　　　　　menthe　　laurier
>
> 柑橘類：　　　　　citron　　citron vert　　orange　　pamplemousse

※ただし、①と②で単数形にする材料でも数種類使ったことを表す場合は複数形にする。

> 例　　Gâteau aux deux chocolats
> 　　　2種類のチョコレート（入り）のケーキ

何種類かを数字で表すときは、材料のすぐ前に数字を書く。

(4) （CⅡ）部分で、食材の総称を表し、すでに数種類のイメージがあるものは複数形にする。

　　　　　例　　épices　　agrumes　　fruits　　légumes

「バニラ（風味）のアイスクリーム」をフランス語で書いてみよう

「アイスクリーム」は出来上がりの菓子名なので（A）

　　　　　アイスクリーム………glace 女

「バニラ（風味）の」は（C）になる

　　　　　（CⅡ）………vanille 女

　　　　　【vanille】は女性名詞単数形なので、（CⅠ）は【à la】になる

　　　　　（CⅠ）＋（CⅡ）………à la vanille

（A）＋（C）で次のようになる

Glace à la vanille

～ 発音してみよう ～

母音字が１つのときの読み方は？

ローマ字と発音が同じもの

　　　　a　　「ア」┐
　　　　i, y　「イ」├ アクサン記号がついても発音は同じ
　　　　o　　「オ」┘

練習　　sirop　　　tamis　　　riz　　　pâte　　　avocat

27

問題 次の菓子名をフランス語に訳してみよう。

① オレンジ（風味）のマドレーヌ

....

② 果物のタルト

....

③ レモン（風味）のマカロン

....

④ 野イチゴのタルトレット

....

⑤ 柑橘類のシャーベット

....

⑥ 栗のクレープ

....

⑦ 洋ナシのスパイス風味

....

⑧ ピーナッツ（入り）のサブレ

....

⑨ イチゴのミルフィーユ

....

⑩ クルミ（入り）パン

....

> millefeuille の mille は「千の」、feuille は「葉っぱ」という意味で、バターと小麦粉を層状に折ってつくるパイ生地が葉っぱをたくさん重ねたように見えるところから名づけられたんだよ。

菓子名や材料は、単数形？　複数形？

出来上がりの菓子名は？

単数形の場合が多いが、複数形の場合もある

| 例 |

単数形　　tarte　　　gâteau　　　glace　　　sorbet　　　mousse

複数形　　tartelettes　　　beignets　　　petits fours

材料は？

単数形：①1つの菓子を作るのに1個（以内）使うのが一般的なもの

（材料を切って数が増えても、もとが1個のものは単数）

| 例 |　　ananas　　　potiron　　　pastèque

②数えられない名詞　（P.26参照）

③風味を表すもの　（P.26参照）

複数形　①1つの菓子を作るのに複数使うのが一般的なもの

| 例 |　　pignons　　　myrtilles　　　fraises

②食材の総称を表すもの　（P.27参照）

| 例 |　　épices　　　agrumes　　　fruits

③数種類使ったことを表すとき　（P.26参照）

～ 発音してみよう ～

母音字が1つのときの読み方は？

ローマ字と発音が違うもの

u　「ユ」

e　「エ」、軽い「ウ」、「発音しない」………P.74参照

アクサン記号がついたら、ほとんど「エ」

練習　　sucre　　　café　　　thé　　　crêpe　　　numéro

Leçon 3　Clafoutis à la banane et au chocolat
（バナナとチョコレートのクラフティ）

入れたものや風味づけとして2つの材料が使われていたら、どのように書いたらいいんですか？

「〜と」を意味する《 et 》でつなぐとできるよ

クラフティ（出来上がりの菓子名）………clafoutis

バナナとチョコレート入り

　　　バナナ入り……………à la banane ┐
　　　　　　　　　　　　　　　　　　　├ この2つを「〜と」を表す【 et 】でつなぐ
　　　チョコレート入り………au chocolat ┘

「バナナとチョコレートのクラフティ」は、

Clafoutis à la banane et au chocolat

クラフティは、耐熱皿に様々な果物を入れてクレープの生地を流し込んで焼き、温かいうちに食べる素朴な焼き菓子で、家庭でも季節の果物を使ってよく作られるよ。
フランス南西部のリムーザン地方の特産品ダークチェリーを入れたクラフティ clafoutis aux cerises が起源だと言われていて、今でもこの地方の郷土菓子としてよく知られているよ。

菓子・デザート名の書き方　パターンⅡ
入れたものや風味づけに２つの材料を使っているとき

1つめの材料と2つめの材料を「～と」を表す【 et 】でつなぎ、それぞれの材料の前に
【 au, à la, à l', aux 】の中の文法的に正しいものをつける。

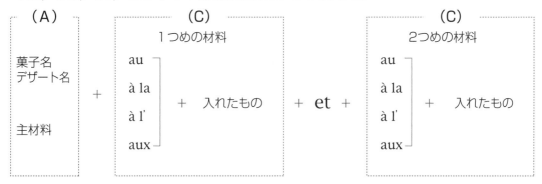

問題 日本語訳を参考にして下線部分に【 au, à la, à l', aux 】【 et 】のどれかを入れてみよう。

① Bavarois ＿＿＿ chocolat et ＿＿＿ vanille（チョコレートとヴァニラのバヴァロア）

② Tarte ＿＿＿ figues ＿＿＿ citron（イチジクとレモンのタルト）

③ Mousse ＿＿＿ miel ＿＿＿ noix（ハチミツとクルミのムース）

④ Charlotte ＿＿＿ noisettes ＿＿＿ chocolat（ヘーゼルナッツとチョコレートのシャルロット）

⑤ Chaussons ＿＿＿ pommes ＿＿＿ pruneaux（リンゴと干しプラムのショソン）

ショソン（chausson）

　Chausson は、フィユタージュの生地に果物のコンポートを詰めて生地を２つ折にして焼いた菓子で、パン屋さんで売られています。chausson とは「上履き」「スリッパ」の意味で、半円形の形が靴の先のようなので名づけられたと言われています。リンゴのコンポートを詰めた chausson aux pommes をよく見かけますが、その他の果物のコンポートが入っているものもたくさんあります。

問題　次の菓子名をフランス語に訳してみよう。

① 洋ナシとアーモンドのタルト

………………………………………………………………………………

② オレンジとチョコレートのムース

………………………………………………………………………………

③ ブルーベリーとクランベリーのタルトレット

………………………………………………………………………………

④ リンゴとカルヴァドスのプディング

………………………………………………………………………………

⑤ チョコレートとコーヒーのスフレ

………………………………………………………………………………

⑥ カシスと木イチゴのバヴァロワ

………………………………………………………………………………

⑦ サクランボとピスタチオのシャルロット

………………………………………………………………………………

⑧ イチゴとミントのアイスクリーム

………………………………………………………………………………

シャルロットは、型の内側にビスキュイ・ア・ラ・キュイエールや薄いスポンジを張り付け、バヴァロワ、ムースなどを中に詰めたアントルメ*だよ。charlotte とは、もともとは、縁にギャザーをよせ、リボンやレースをあしらった婦人用の帽子のことで、形が似ていることから名づけられたと言われているよ。

＊P.33参照

charlotte au chocolat（シャルロットゥ オ ショコラ）

| コラム |

お菓子とデザート菓子、アントルメ

お菓子とデザート菓子

　お菓子屋さんのお菓子とレストランのデザート菓子とでは違いがあるのでしょうか。昔はお菓子屋さんのお菓子はパティスリー、レストランのデザート菓子はアントルメや氷菓というように違いがはっきりしていましたが、今ではムースやアイスクリームのようないわゆるアントルメもお菓子屋さんで売られており、あまり違いがなくなってきています。唯一大きな違いは、作る目的でしょう。お菓子屋さんのお菓子は、お客様が持ち帰ることを前提に作られるのに対し、デザート菓子は、料理の流れの中でお客様の食べる時間に合わせて作られます。基本的に作りおきができない代わりに、デザートのお皿の上で温かいものと冷たいものを組み合わせることや、ソースを添えることができます。

アントルメ

　アントルメとはレストランで供されるもので、料理人または製菓部門が担当します。同じものがお菓子屋さんで売られていてもそれをアントルメと言うことはありません。アントルメという言葉の表す意味は時代と共に様々な変遷をたどってきましたが、現代では次の2つの意味になります。

（1）Entremets de cuisine　料理アントルメ

　料理の終わりに供される甘味のもので、Entremets chaud（温製アントルメ）、Entremets froid（冷製アントルメ）、Entremets glacé（氷菓アントルメ）があります。本来ならばこの後にチーズとデザートが続きますが、現在ではデザートと同じ意味で使われることが多くなっています。

例	Entremets chaud：	Beignets（ベニエ）　Soufflé（スフレ）
		Crêpe（クレープ）
	Entremets froid：	Charlotte（シャルロット）　Bavarois（バヴァロワ）
		Blanc-manger（ブラン・マンジェ）　Mousse（ムース）
	Entremets glacé：	Glace（アイスクリーム）　Sorbet（シャーベット）
		Soufflé glacé（スフレ・グラッセ）（P.43参照）

（2）Entremets de pâtisserie　菓子アントルメ

　粉を使った生地を主体とした大型菓子の総称で、切り分けて供します。小さいものでも直径10cm以上、大きくなれば30cm以上のものになります。これに対し、もともと小さく作られた個人用の小型菓子を gâteau individuel と言います。

| 例 | Tarte（タルト）　Paris-Brest（パリ・ブレスト）（P.67参照）　Opéra（オペラ） |
| | Millefeuille（ミルフイユ） |

Leçon 4 Confiture de framboises
（木イチゴのジャム）

1.　【 de 】の役割：単語と単語のつなぎに使われる

菓子・デザート名の中で【 de 】の後にくる語は次のことを表す。

（1）　菓子・デザートの主材料

（2）　部分のもとになる材料

（3）　（材料の）産地名、（菓子・デザートの）発祥の地

日本語訳

例　① Compote **de** prunes　　...
　　② zeste **de** citron　　...
　　③ cassis **de** Dijon　　...
　　④ Madeleines **de** Commercy　　...

《 de 》の後の単語が、役割（1）（2）（3）の
どれを表しているか考えながら訳してみよう

2.　　　【 de 】のかたち ： 後に続く単語の最初の文字でかたちが決まる

> **de** ：子音字で始まる単語の前にくるとき　　　　　 例 　 de fraises
>
> **d'** ：母音字または《h》で始まる単語の前にくるとき　 例 　 d'abricots
> 　　　　　　　　　　　　　　　　　　（例外あり）＊
> 　　　　　　　　　　　　　　　　　　　　　　　　　　＊P.77参照

発音に気をつけよう

【 d' 】の発音は、【 d 】とそれに続く単語の最初の音を、ローマ字のように組み合わせて発音する。

（P.77参照）

練習 　例にならって次の単語を発音してみよう。

例 　 amandes 　→　 d'amandes

① 　airelles 　→　 d'airelles

② 　orange 　→　 d'orange

③ 　huile 　→　 d'huile

練習 　次のフランス語の読み方を書き、訳してみよう。

① poudre d'amandes

....

② Confiture d'abricots

....

③ lait de noix de coco

....

④ Macarons de Nancy

....

⑤ jus d'oranges

....

35

3. 【de, d'】と【au, à la, à l', aux】の使い方のまとめ

「イチゴのタルト」「ブルーベリーのジャム」、日本語ではどちらも「の」でつながれ、とてもよく
似ているが、フランス語では大きな違いがある。つなぎの単語の使い方を整理してみよう。

---

(1) 【de, d'】　　　　　　　後に主材料がくるとき

(2) 【au, à la, à l', aux】　　後に主材料以外に加えられた材料がくるとき

---

(1) ジュース、ジャム、コンポート、グラタン、サラダ等のように、主材料（果物の場合が多い）
を煮たり絞ったりして作るもので、主材料が前面に出てくるものは、主材料を書く。

日本語訳

例	
	Jus d'oranges ....
	Salade de fruits ....
	Compote de pêche(s) à la menthe ....

(2) 焼き菓子（タルトやケーキ等）、アイスクリーム、バヴァロア、ムースなどは、原則として主
材料を書く必要がないので、中に入れたものや風味づけに加えたものが書かれる。ほとんどの
菓子類はこの構文になる。

日本語訳

例	
	Gâteau au chocolat ....
	Glace au thé vert ....
	Cake aux fruits secs et au chocolat ....

〜 発音してみよう 〜

母音字が2つ以上のときの読み方は？・・・・新しい音になるよ

	ai	「エ」	l<u>ai</u>t	fr<u>ai</u>se	
	ei	「エ」	s<u>ei</u>gle	b<u>ei</u>gnet	
練習	épais	paix	mais	haie	neige

36

菓子・デザート名の書き方　パターンⅢ

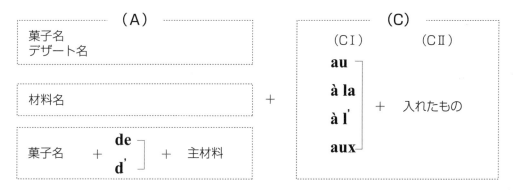

「オレンジのコンポート、グラン・マルニエ風味」をフランス語で書いてみよう。

「オレンジのコンポート」は（A）

　　　　コンポート：出来上がりの菓子名 ……… compote 女

　　　　オレンジ：主材料 ………………………… oranges 女

　　　　【oranges】は母音字で始まる単語なので、つなぎの単語は【d'】になる

　　　　（A）……… Compote d'oranges

「グラン・マルニエ風味」は（C）

　　　　（CⅡ）……… Grand Marnier 男

　　　　【Grand Marnier】は男性名詞・単数形なので、（CⅠ）は【au】になる

　　　　（CⅠ）＋（CⅡ）……… au Grand Marnier

（A）＋（C）で次のようになる

Compote d'oranges au Grand Marnier

ビスキュイ（biscuit）と ジェノワーズ（génoise）

　biscuit の bis は「2度、もう1度」cuit は「焼いた」を表し、合わせて「2度焼きした」という意味になります。もともとは2度焼きした堅い乾パンを意味し、保存食として作られたものだったようです。今日では、ビスケット、クッキー類やスポンジケーキを言います。昔の堅い乾パンに砂糖やバターや卵を入れることでクッキー類が作られ、さらに卵を泡立てる技術を発見し、スポンジケーキへと進化していったと言われています。スポンジケーキには génoise という言葉も使われています。では、biscuit との違いはと言うと、まずスポンジケーキの総称には biscuit を使います。スポンジケーキの製法としては共立て法と別立て法があり、共立て法で作られるのが génoise です。génoise はイタリアの都市「ジェノバの」と言う意味です。共立て法がジェノバからフランスに伝わったことから名づけられたと言われています。またもう1つの製法である別立て法で作られたものを biscuit と言うことがよくあります。

問題 次の菓子名をフランス語に訳してみよう。

① バナナのベニエ

....

② 木イチゴのクーリ

....

③ カシスのゼリー

....

④ 栗のコンポート、蜂蜜入り（風味）

....

⑤ シャンパン風味のフルーツグラタン

....

⑥ サクランボのコンポート、シナモン風味

....

⑦ アンズ（アプリコット）のジャム、レモン風味

....

ベニエは衣をつけて揚げたもので、日本の天ぷらもフランス語に訳すとベニエになるよ。甘味と塩味のものがあり、甘味のものには、切った果物に衣をつけて揚げたもの、甘いシュー生地を丸くして揚げた pets-de-nonne（ペ ドゥ ノンヌ）（P.47参照）、ブリオッシュ生地を揚げたものなどがあるよ。揚げたてに砂糖を振りかけて食べる古くからあるお菓子だよ。

38

お菓子・デザート名の書き方に決まりはあるの？

菓子・デザート名を書くときは**大文字**で書き始める。
また、地名や人名のような固有名詞も必ず**大文字**で書き始める。

書き方は基本的に次の3パターンがある。

（1）全て大文字で書く　（大文字は【ç】以外のアクサン記号は省略できる）

> GATEAU AU CHOCOLAT ET AUX NOISETTES

（2）最初の文字と固有名詞のみ大文字で、ほかは小文字で書く

> Gâteau au chocolat et aux noisettes
> Macarons de Nancy

（3）名詞、形容詞は大文字で始め、そのつなぎの単語（冠詞・前置詞等）は小文字で書く

> Gâteau au Chocolat et aux Noisettes

一般的に(1)は読みにくいのであまり使われない。
現在は(3)がよく使われる傾向にあるが、初心者に書きやすいのは(2)である。

～ 発音してみよう ～

母音字が2つ以上のときの読み方は？

au, eau	「オ」	café <u>au</u> lait	ch<u>au</u>d	s<u>au</u>ce
		<u>eau</u>	gât<u>eau</u>	

　b<u>eau</u>　　h<u>au</u>t　　bat<u>eau</u>　　m<u>au</u>vais　　p<u>eau</u>

Leçon 5　Marrons glacés
（マロン　グラッセ）

【glacé】を辞書で調べてみよう。

glacé、e　〔グラセ〕　形*

*形 は、glacé が形容詞であることを示す。

1.　形容詞の形と発音

$$\boxed{\text{glacé, }\ e\ \ \ \text{〔グラセ〕}}$$

これは、次のことを表している。

　　　男性名詞・単数形につくとき　　　glacé

　　　女性名詞・単数形につくとき　　　glacée

また、名詞の複数形につくときは形容詞も複数形になる。

　　　単数形　　　　　　複数形

　　　glacé　　　→　　glacés

　　　glacée　　→　　glacées　　　　　（P.43参照）

> 形容詞は修飾する名詞の性と数に応じて形が変わる。

形の変化：男性形（男性名詞・単数形につく形）が基本になる。

男性形 ＋ e ＝ 女性形（女性名詞につく形）

単数形 ＋ s ＝ 複数形

【 vert 】（ヴェール）「緑色の」を変化させてみよう

名　詞	形容詞	例
男性名詞・単数形	vert 男性形	citron vert（ヴェール）
男性名詞・複数形	verts 男性形+s	citrons verts（ヴェール）
女性名詞・単数形	verte 男性形+e	pomme verte（ヴェルトゥ）
女性名詞・複数形	vertes 男性形+es	pommes vertes（ヴェルトゥ）

形容詞の変化のパターンを頭に入れよう

男性形が【 e 】で終わる形容詞は、女性形になっても形は変わらない。

例　rouge（ルージュ）（赤い）

vin rouge　　　pomme rouge
男　　　　　　　女

☞注意　発音に気をつけよう

男性形が発音されない子音字で終わる形容詞は、女性形になるとその子音字が発音される。

例　chaud（ショ）（熱い）

soufflé chaud　　　tarte chaude（ショードゥ）
男　　　　　　　　　女

形容詞の複数形の作り方は、名詞の複数形の作り方と同じ。

原則として【 s 】をつける。

【 u 】で終わる形容詞には【 x 】をつける場合が多い。

【 s, x, z 】で終わる単語はそのまま。

2.　　形容詞の位置

形容詞は原則として**名詞の後**に置かれる。

例外として**比較的短い形容詞**や**数字**は名詞の前に置かれる。

名詞の前に置かれる形容詞

日本語訳

> この２つはいつも
> 名詞の前に置かれるよ

例	petit	....
	grand	....

数字も名詞の前に置かれる　（P.26参照）

例　　Gâteau aux deux chocolats

　　　　２種類のチョコレート（入り）のケーキ

Tarte aux trois fruits

　　　　３種類の果物のタルト

〜 発音してみよう 〜

母音字が２つ以上のときの読み方は？

ou	「ウ」	chou	couteau	moule
oi	「オワ」	noix	poire	pois

練習　beaucoup　　　loup　　　　nouveau　　　soie　　　toit

42

形容詞 glacé の様々な顔

　glacé は、「糖衣をかけた」「凍った」「冷たい」という意味で、もともとは、「糖衣をかける」「凍らせる」「冷たく冷やす」を表す動詞 glacer から作られた形容詞です。（P.52参照）
「糖衣をかけた」の意味で使われているお菓子でよく知られているのは、marron glacé です。これは、皮をむいた栗をシロップ漬けにし、フォンダン（糖衣）をかけたもので、栗のシーズンになるとあちこちのお菓子屋さんで見られます。
氷菓、またアイスクリームには一般的に、動詞 glacer の名詞形 glace が使われています。冷たくしたクリームという意味で crème glacée という表現もありますが、これは特に生クリームをベースにしたものを言います。そのほかにも glacé を使った様々なバリエーションの氷菓があります。代表的なものを見てみましょう。

Soufflé glacé
スフレ型に入れて作った、またはスフレの形をした氷菓です。

Bombe glacée
bombe はもともと大砲に詰められる爆弾の玉という意味で、ボンブ型はそれを半分にした形（円錐形）をしています。ボンブグラセはボンブ型に詰めて円錐形の形に作る氷菓です。

Coupe glacée
カップ（グラス）の中にアイスクリームやシャーベットを盛りつけたもの。カップ（グラス）をフランス語で coupe ということからきています。

Profiteroles (glacées)
小型のシューの中にアイスクリームを詰めて皿に盛り、上から熱いチョコレートソースをかけたものです。

「冷たい」の意味で使われ我々になじみ深いのは次のものです。

　　　　　Café glacé：アイスコーヒー　　　　**Thé glacé**：アイスティー

3. 菓子・デザート名によく使われるその他の形容詞

練習 次の形容詞を変化させてみよう。また発音も下に書いてみよう。

男性形・単数	訳	男性形・複数	女性形・単数	女性形・複数

① grand （　　　　）....................　....................　....................

② petit　（　　　　）....................　....................　....................

③ chaud （　　　　）....................　....................　....................

④ froid　（　　　　）....................　....................　....................

⑤ jaune　（　　　　）....................　....................　....................

⑥ confit （　　　　）....................　....................　....................

⑦ sucré　（　　　　）....................　....................　....................

⑧ salé　 （　　　　）....................　....................　....................

問題 左の日本語になるように下線部分にフランス語を書き入れてみよう。

① 湯　　　　　　　eau ....

② 青リンゴ　　　　pommes ....

③ プティフール　　.............................. fours

④ 塩水　　　　　　..............................　..............................

⑤ 黄桃　　　　　　..............................　..............................

⑥ イチゴのコンフィ　..............................　..............................

⑦ 砂糖入りコーヒー　..............................　..............................

⑧ 大きな赤いリンゴ　..............................　..............................

「パートゥ」と「パータ」

「パートゥダマンド」「パータシュー」、どちらも製菓の勉強を始めたらすぐに出てくる言葉で、フランス語では、pâte d'amandes、 pâte à choux と書きます。
pâte という単語には次のような意味があります。

(1) ペースト状のもの

(2) (小麦粉を練った) 生地

(3) パスタ、麺類

このうち(1)と(2)が製菓に関係があります。

(1) ペースト状のもの
　　　パートゥ　ダマンドゥ
　　　pâte d'amandes　　　　パート・ダマンド、マジパン
　　　パートゥ　ドゥ　カカオ
　　　pâte de cacao　　　　　カカオマス

また、ハードゼリーのことを「ペースト状にしたフルーツ」という意味で　pâte de fruits
　　　　　　　　　　　　　　　　　　　　　　　　　　　　　　　　　パートゥ　ドゥ　フリュイ
と言います。

(2) (小麦粉を練った) 生地
　　　　パートゥ　フイユテ
　　　　pâte feuilletée　　　　折り込み生地
　　　　パー　タ　シュー
　　　　pâte à choux　　　　　シュー生地
　　　　パー　タ　クレープ
　　　　pâte à crêpes　　　　　クレープ生地
　　　　パー　タ　フォンセ
　　　　pâte à foncer　　　　　敷き込み生地　　　　(foncerは「敷く」という意味の動詞)

「pâte + à + 出来上がりのもの / 〜するためのもの」という構文の【 à 】は、「〜のための」「〜用の」という意味を表します。この pâte の後に【 à 】がくると、「パートゥ」の「トゥ」と後の「ア」が一緒になって発音され「パータ」となります。フランス語の発音はなかなか難しいですね。後に【 à 】が来たときだけ「パータ」と発音し、それ以外は「パートゥ」と発音して2つの発音をきちんと使い分けましょう。

〜 発音してみよう 〜

母音字が2つ以上のときの読み方は？

eu, œu　　　「ウ」　　　beurre　　　œuf　　　traiteur

練習　　　hors-d'œuvre　　　peu　　　cœur　　　feu

45

4.　原則に当てはまらない形容詞

女性名詞につくとき、今までと形が全然違う形容詞があるのはどうしてですか？

女性形が特殊な場合があるんだよ

特殊な形の女性形になる形容詞を覚えよう

練習 次の形容詞の女性形を調べ、複数形も作ってみよう。

| 男性形・単数 | 訳 | 男性形・複数 | 女性形・単数 | 女性形・複数 |

① frais （　　　　　）…………………………………………………………………

② blanc （　　　　　）…………………………………………………………………

③ sec （　　　　　）…………………………………………………………………

④ breton （　　　　　）…………………………………………………………………

これらの形容詞は男性形と女性形を丸ごと覚えるといいよ

練習 左の日本語になるように下線部分にフランス語を書き入れてみよう。

① ホワイトチョコレート　　　chocolat ....

② 生アーモンド　　　　　　　amandes ....

③ 干しイチジク　　　　　　　..

④ 辛口ワイン　　　　　　　　..

⑤ 新鮮な果物　　　　　　　　..

⑥ 生クリーム　　　　　　　　..

⑦ プティ・フール・セック　　..................................... fours ....

コラム

お菓子の名前あれこれ

　お菓子の名前の中には意味がわかると思わず笑ってしまうもの、「その通り！」と納得するものがあります。

Pets-de-nonne（ペ・ドゥ・ノンヌ）…… 直訳すると「尼さんのおなら」、シュー生地を小さく丸めて揚げたものでとっても可愛いお菓子です。熱いうちに砂糖を振り掛けて食べます。

Barbe à papa（バルバ・パパ）…… 「パパのおひげ」、お祭りの時などによく見かける綿菓子です。確かにあご髭みたいですね。

なるほどと納得するのは

Langues de chat（ラング・ドゥ・シャ）… 「ネコの舌」、小さな焼き菓子です。日本で言う猫舌とは全く関係ありません。丸みを帯びた楕円形が猫の舌のようだから名づけられたそうです。

Puits d'amour（ピュイ・ダムール）…… 「愛の井戸」、円筒形のパイの中にバニラまたはプラリネ風味のカスタードクリームを詰めたり、ジャムを詰めたりする小さなお菓子です。これも外側のパイが井戸のような形をしているから名づけられました。

5.　形容詞のまとめ

> 形容詞を名詞につけるとき
> 　　　形容詞の位置（原則は名詞の後、petit, grand と数字等は前）と
> 　　　形容詞の形（修飾する名詞の性と数で決まる）に気をつける。
> 形容詞を菓子・デザート名の中で使うとき
> 　　　修飾する名詞のなるべく近くに置く。（間に【 de 】などの単語をはさまない）
> 　　　例　　marron glacé

「ホワイトチョコレートのムース」をフランス語で書いてみよう。

　　　ムース：出来上がりの菓子名 ……… mousse 女

　　　ホワイトチョコレート＝ 白いチョコレート

　　　　白い ………… blanc　　　　┐ ホワイトチョコレート
　　　　チョコレート ……… chocolat 男 ┘ chocolat blanc

　　　ホワイトチョコレート入り ……… au chocolat blanc

Mousse au chocolat blanc

練習 次の菓子名をフランス語に訳しながら、菓子名の書き方を理解しよう。

① 果物のタルト

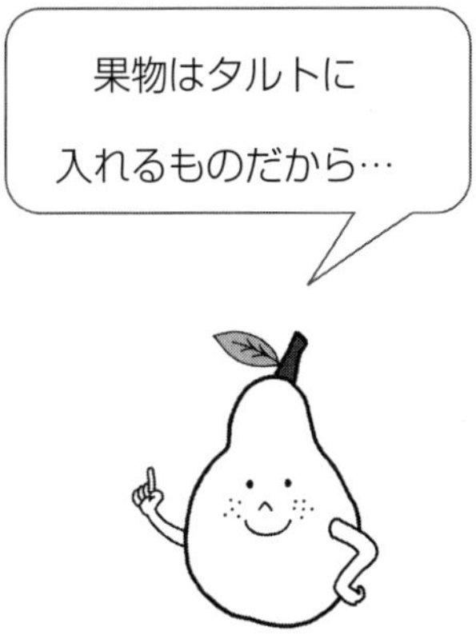

果物はタルトに
入れるものだから…

....

② 赤い果物のタルト

....

③ 赤い果物の温製タルト

....

④ 小さな赤い果物の温製タルト

....

⑤ 果物のグラタン

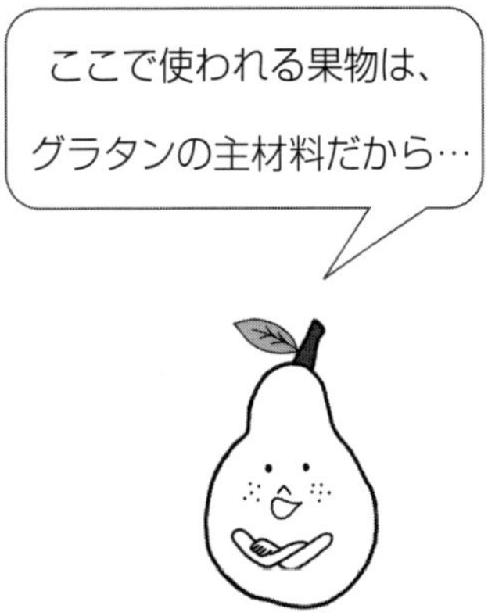

ここで使われる果物は、
グラタンの主材料だから…

....

⑥ 赤い果物のグラタン

....

⑦ 赤い果物の冷製グラタン

....

⑧ 小さな赤い果物の冷製グラタン

....

覚えよう・色（couleurs）

白い blanc（blanche）（ブラン ブランシュ）	緑の vert(e)（ヴェール（ヴェルトゥ））	赤い rouge（ルージュ）
黄色い jaune（ジョーヌ）	黒い noir(e)（ノワール）	褐色の brun(e)（ブラン（ブリュヌ））
紫色の violet (te)（ヴィオレ（ヴィオレットゥ））	ピンク rose（ローズ）	琥珀色の（こはくいろ） ambré (e)（アンブレ）

問題 次の菓子名をフランス語に訳してみよう。

① 赤い果物のタルトレット

....

② 干しイチジクのコンポート、ラム酒風味

....

③ リンゴのクレープ、シナモン風味

....

④ フレッシュミントのシャーベット

....

⑤ 砂糖漬け果物と米のタルト

....

⑥ グランマルニエ（風味）の温製スフレ

....

⑦ フレッシュチーズとレーズンのシャルロット

....

⑧ ドライフルーツ入り洋ナシのグラタン

....

スフレって何？

　日本人にはまだなじみのない soufflé（スフレ）はフランスではデザート菓子としてよく食べられています。
硬くあわ立てたメレンゲ、牛乳、小麦粉、バターをベースにして作った生地をスフレ型に入れて焼くふわふわのケーキです。キノコなどを入れて塩味にしたものは料理として食べられます。パリにはスフレの専門店があり、前菜からデザートまでスフレのオンパレードで、1つ1つのスフレの量も日本人にとっては多く、デザートに行き着く頃にはかなりくたびれます。パリに行くことがあったらぜひ一度試してみて下さい。

> コラム

バレンタインデーとチョコレート

　私たちを魅了して止まないチョコレート。日本にチョコレートが伝わったのは明治時代のはじめですが、工場ができて商品として本格的に製造され始めたのは大正時代末期です。それから100年足らずでチョコレートは日本人の生活の中にしっかりと定着しました。日本でチョコレートが一番売れるのはもちろんバレンタインの時期です。この時期にはデパートなどのチョコレート売り場には世界各地のチョコレートが並びます。ちなみにこの時期の売り上げは、年間のチョコレート売り上げ高の約25％になるそうです。

　一方フランスのバレンタインデーは恋人同士が情熱の象徴である赤いバラやプレゼントを交換し合います。日本のように女性が男性にチョコレートを贈る習慣はありません。この時期に有名なショコラティエがこぞって日本に来るのは、彼らにとって比較的暇な時期だからかも知れません。

　フランスは日本の約3倍の消費量がありますが、人口は2分の1、ということは、1人当り6倍ものチョコレートが消費されているわけです。フランスではいつチョコレートが売れるのかというと、日本人にはあまりなじみのない復活祭 Pâques（パーク）のときです。「復活祭」はキリストの復活を祝う祭りで、3月末から4月にかけての移動祝日（年により日にちが変わる）です。これはカトリックの国では大事な祝日で、学校はこの祝日に合わせて約2週間の休暇となります。この頃になるとお菓子屋さんのショーウインドウには卵の形をしたチョコレート œufs de Pâques（ウ ドゥ パーク）が所せましと並べられます。卵は新しい命の誕生、再生の象徴だからです。また、ニワトリやウサギの形をしたチョコレートもあります。フランスの人々は、気に入ったチョコレートを買って家族、友人、恋人にプレゼントするのです。クリスマスの時期にもプレゼントとしてチョ

コレートが登場します。友人の家に食事に招かれた時にも、お土産に花やチョコレート等を持っていく人が多いです。またフランスの代表的なクリスマスのケーキ bûche de Noël（ビュシュ ドゥ ノエル）もチョコレートベースのものが人気商品です。

　「復活祭」の時期以外はプレゼントとしては一口大のチョコ bonbon au chocolat（ボンボン オ ショコラ）（P.61参照）が好まれます。チョコレートを使ったケーキやアントルメも人気があります。

　このように様々な機会に食べられるチョコレートですが、ヨーロッパの人々はいつごろチョコレートを食べ始めたのでしょうか。原料のカカオ豆は中南米が原産地です。現地の人々は古来より、カカオ豆を粉々に砕いて水や湯を加えたものを、神に捧げる飲み物として飲んでいました。それがヨーロッパに伝わったのは16世紀になってからです。挽いただけのカカオ豆は脂肪分が多く、嗜好品としてよりも薬として飲まれていたようです。1828年にオランダのヴァン・ホーテンがカカオ豆からカカオバターを抽出するプレス機を発明し、脂肪分の少ない飲みやすい飲み物になりました。1842年にはイギリスでチョコレートを固形化することに成功し、現在の食べるチョコレートの誕生となりました。

Leçon 6　Crêpe flambée
（クレープのフランベ）

いままで勉強した形容詞の他に、動詞から作るものがあるって聞いたんですが…

動詞から「～した」という意味を表す過去分詞を作り、それを形容詞として使うんだよ

動詞の過去分詞から作る形容詞

菓子・デザート名の中に出てくる形容詞の中で、動詞の過去分詞から作られ、「～した」という意味を持つ形容詞となるものがある。これは主に作り方を表す。

1.　　作り方：動詞から過去分詞（～した）を作る

語尾が【er】で終わる動詞の過去分詞

フランス語の動詞のほとんどは　　　【er】で終わる　　　flamber　（フランベする）

それらの動詞の過去分詞は　　　【é】に変わる　　　flambé　（フランベした）

```
        フランベする   →   フランベした
         （動詞）         （過去分詞）
         flamber    →    flambé
```

52

(練習) 次の動詞を過去分詞（～した）に変え、訳してみよう。

動　詞　　　　　　　　　　過去分詞　　　　　　　　　　　　　　　　　　　訳

① brûler　　　…………………………………　(　　　　　　　　　　　　　　　　)

② feuilleter　…………………………………　(　　　　　　　　　　　　　　　　)

③ griller　　　…………………………………　(　　　　　　　　　　　　　　　　)

④ fouetter　　…………………………………　(　　　　　　　　　　　　　　　　)

2.　　使い方：形容詞として使う

材料（名詞）の後に置かれる。

修飾する名詞の性と数に応じて形が変わる。

> ただし、発音はすべて
> 「フランベ」だよ

【 flambé 】を名詞につけてみよう

soufflé flambé　　　　　　soufflés flambés
（男・単）　　　　　　　　　（男・複）

crêpe flambée　　　　　　crêpes flambées
（女・単）　　　　　　　　　（女・複）

(練習) 次の動詞から過去分詞を作り、それを形容詞として左の名詞につけてみよう。

動　詞	過去分詞		動　詞	過去分詞
① caraméliser　→	…………………		② glacer　→	…………………
（カラメルを塗る）	（カラメルを塗った）		冷やす、糖衣をかける	冷やした、糖衣をかけた

↓　　　　　　　　　　　　　　　　　　　　　　　↓

形容詞　　　　　　　　　　　　　　　　　　　　形容詞

↓　　　　　　　　　　　　　　　　　　　　　　　↓

abricot　…………………………　　　soufflé　…………………………

abricots　…………………………　　marrons　…………………………

pomme　…………………………　　　crème　…………………………

fraises　…………………………　　　coupes　…………………………

3　特殊な過去分詞

練習）過去分詞を作るとき特殊な変化をするものがあるので調べてみよう。

動　詞	日本語訳	過去分詞 (形容詞・男性形)	女性形	例

① rôtir　（　　　　　）　→　rôti　................　pomme　........................

② frire　（　　　　　）　→　frit　................　bananes　........................

③ fondre（　　　　　）　→　fondu　..............　beurre　........................

問題）右の動詞から過去分詞を作り、正しい形容詞の形で（　）に入れて、全体を訳してみよう。

① Biscuit（　　　　　）au chocolat　　　　　　　rouler

....

② Clafoutis（　　　　　）au calvados　　　　　　flamber

....

③ Meringues（　　　　　）au chocolat　　　　　fourrer

....

④ Tarte（　　　　　）aux pêches　　　　　　　souffler

....

◆ 動詞の過去分詞から作られた形容詞が使われている製菓用語。

例	pâte feuilletée	pâte levée	sucre soufflé
	sucre tiré	sucre coulé	crème brûlée

◆ 動詞の過去分詞から作られた形容詞（調理法を表わす）が、名詞になって菓子名そのものになったものもある。

例　　soufflé　　gelée　　roulé　　sablé　　praliné

54

菓子・デザート名の書き方　パターンⅣ

調理法を表わす形容詞は、（A）の後に置かれる。（P.42 形容詞の位置参照）

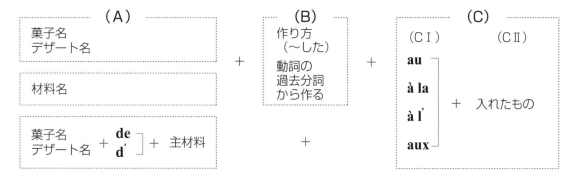

「バナナのキルシュフランベ」をフランス語で書いてみよう。

　　　　　「バナナのキルシュフランベ」　→　キルシュでフランベしたバナナ

「バナナ」は（A）の材料名

　　　　　Bananes 女

「フランベした」は、（B）の作り方を表す形容詞

　　　　　　flamber　　→　　flambé
　　　　　（フランベする）　　（フランベした）

　　　　　（A）と（B）から、「フランベしたバナナ」は、

　　　　　Bananes flambées

「キルシュ」はフランベに使う材料で風味をつけるものなので（C）

　　　　　（CⅡ）………kirsch 男

　　　　　【kirsch】が男性名詞・単数形なので（CⅠ）は【au】になる

　　　　　（CⅠ）＋（CⅡ）………au kirsch

（A）＋（B）＋（C）で次のようになる

Bananes flambées au kirsch

問題 次のデザート名をフランス語に訳してみよう。（下線部分は動詞から形容詞を作ること）

① 白桃のロースト

....

② イチゴ（入り）のロールケーキ　（rouler　から作る）

....

③ グレープフルーツのコンフィ入りサブレ

....

④ 干しプラムとライム入り、（カラメル状に）焦がしたタルト
　　　　　　　　　　　　　　（caraméliser　から作る）

....

⑤ パイナップルのポワレ、スパイス風味（poêler　から作る）

....

⑥ イチジクのロースト、木イチゴのジャム添え（P.70参照）

....

プリンはフランス語で何というの？

　英語でカスタード・プディングと言われ、私たちがよく知っているプリンは、フランス語で crème renversée au caramel （カラメルを入れ逆さにひっくり返したクリーム）と言われます。まさに読んで字の如しで、型から皿にひっくり返して盛り付けられるからです。ただし普通は簡単に、crème renversée または crème caramel と言われることが多いです。英語をそのまま使った pudding と言われるものもありますが、これは、パンくずやビスケットや米などに卵を混ぜ、果物や香料を入れ蒸し焼きにしたアントルメを指し、もともとイギリスから伝わったものです。

> コラム

フランスのパン屋さん

I　パン屋さんは働き者

　パンはフランス人にとって欠かすことのできない食べ物です。パンの消費量は、昔と比べると落ちたとは言え、食事には必ずパンが添えられます。フランス人の朝食は、パンとカフェオレまたはコーヒーというのが一般的なので、パン屋さんは7時頃には店を開け、焼きたての baguette や croissant などを売っています。夕方も8時くらいまではほとんどのお店が営業しています。

　パンの値段は地域や店によって違いますが、特にバゲットは日本と比べるとかなり低く抑えられています。生活必需品だからでしょう。例えば2017年のバゲット1本の全国平均は約0.87ユーロ（110円）でした。

　朝食には、カフェオレとクロワッサンを私達は想像しますが、クロワッサン1個の値段はバゲット1本よりも高いので、週日の朝食にはバゲットを食べ、クロワッサンは週末や特別な日に食べられることが多いです。朝食のバゲットの食べ方は、まず適当な大きさに切り、それをさらに縦半分に切ります。そこへバター、ジャムなどをぬって食べるのです。このようにしたパンを tartine と言います。オープンサンドと言う意味ですが、バゲットやスライスした田舎パンの上にハムや塩味の具材をのせたタルティーヌはお手軽に食べられる昼食として人気があり、専門のレストランもあります。また、街角で売っているサンドイッチは、バゲットの中にハムやチーズ等の具材を挟んだものが多いです。昼食に、またちょっと小腹がすいた時に便利で、これはカフェでも食べられます。

II　パン屋さんのいろいろ

　フランスでは、近所のパン屋さんでパンを買うのが昔からの習慣で、美味しいパンはやはり小売店で買うのが一番ですが、最近はスーパーのパン売り場やチェーン店が台頭してきています。チェーン店としてよく知られているのは Paul（ポール）でしょう。日本の大都市にも出店しているのでご存知の方も多いと思います。小麦の栽培からこだわる質の追求と高い技術力でチェーン店のイメージを越える良質のパンが売られています。また大型スーパー Carrefour（カルフール）は日本でも著名なパン職人ドミニク・セブロン氏を技術責任者に迎え、パンの品質を格段に向上させることに成功しました。一方、昔ながらの製造方法を守り質の高いパンを作って人気を博しているお店もたくさんあります。例えば、Poilâne（ポワラーヌ）の田舎パンは東京をはじめ世界各地に毎日空輸されています。パリではここのパンを出すビストロやカフェは、入り口やメニューにわざわざ「当店はポワラーヌのパンを使用」と書いてあります。

昨今の自然食ブームを反映してBIO（ビオ）のパン（BIO：biologique（ビオロジック）の略。無農薬有機栽培の農産物を使ったパン）も流行っています。

ポール

ポワラーヌ

> コラム

パンのいろいろ

1．バゲット

フランスのパンの代名詞にもなっているバゲットが今の細長い形になったのは、19世紀のナポレオン1世の時代からです。それまでは丸い形が一般的でした。

バゲットの生地は、小麦粉、水、塩、酵母（パン種）のみです。このバゲット生地で作るパンは形や大きさでそれぞれ違う名前がつけられています。

Baguette（バゲット）：細い棒の意。

Ficelle（フィセル）：細ひもの意。

Batard（バタール）：baguetteとparisienの中間の大きさ。

Parisien（パリジャン）：パリっ子の意味。400gの太めの棒状パン。

Epi（エピ）：（麦などの）穂の意。

Champignon（シャンピニョン）：キノコの意。マッシュルーム状のパン。

Couronne（クロンヌ）：王冠の意。ドーナツ状のパン。

Boule（ブール）：球、ボールの意。ボール状のパン。

Tabatière（タバティエール）：タバコ入れの意。蓋をかぶせた形。

２．その他のパン
（Ⅰ）全粒粉を使用したり、他の穀物粉を混ぜたもの。

Pain complet（パン コンプレ）：全粒粉主体のパン。

Pain de campagne（パン ドゥ カンパーニュ）：田舎パン。ライ麦を入れる。

Pain de seigle（パン ドゥ セーグル）：ライ麦パン。
　　　　　　　　　ライ麦粉を65％以上使用。

Pain de mie（パン ドゥ ミ）：食パン。中身だけのパンの意。
　　　　　　　皮がカリカリではなく全体が柔らかい。

（Ⅱ）菓子パン（viennoiseries）（ヴィエノワズリ）

小麦粉にバター、砂糖などを加えた甘味のあるパンです。viennoiseries は viennois（ウイーン風の）という言葉に由来します。クロワッサンを始めとする多くの菓子パンがオーストリアのウイーンから伝わったものだからです。

Croissant（クロワッサン）：
　発酵生地にバターを折り込んだ生地で作る三日月形のパン。

Brioche（ブリオッシュ）：
　バター、卵、砂糖の入った生地から作る。色々なものを加え、菓子や
　デザートに応用できる。バリエーションの一つにアルザス地方の伝統菓子
　kouglof（クグロフ）がある。

Pain au lait（パン オ レ）：
　ミルクパン。小型のサンドイッチを作るときにも使われる。

Pain au chocolat（パン オ ショコラ）：
　パイ生地にチョコレートを入れて焼いたもの。
　おやつ感覚でよく食べられる。

Pain aux raisins（パン オ レザン）（escargot）（エスカルゴ）：
　渦を巻いた切り口にレーズンがたっぷり巻き込まれている。
　その形からエスカルゴとも呼ばれる。

Chausson（ショソン）：P.31参照

コラム

パリで一番おいしいバゲット

　パリ市では、毎年一番おいしいバゲットを決めるコンクールが開催されます。Grand prix de la baguette de tradition française de la ville de Paris　というのが正式名称で、1994年に始まりました。最近は日本でも優勝したお店が話題となり、いろいろなガイドブックでも紹介されています。

　コンクールは毎年4月から5月にかけて開催され、パリ市と近郊のパン屋さんが参加できます。「トラディション」という種類のバゲットが審査対象となり、その年の優勝者は4000ユーロの賞金の他に、以後1年間、大統領官邸であるエリゼ宮にパンを納品する栄誉を手にすることができます。

　審査員はパン業界のエキスパートやジャーナリスト等の専門家の他に、一般からも募集されます。希望者はネットで申し込み、その中から抽選で選ばれた6名が一般審査員として加わることになります。審査は、当日に持ち込まれたバゲット（2018年度は181本）の中から、長さと重さで規格に達しているものだけが選ばれ、一つ一つのバゲットが、焼き加減、味、中身の状態、香り、外観の5項目にわたり厳重に採点されて、10位までの入賞者が決まります。

　このコンクールの優勝者はパリで一番おいしいパン屋さんとして毎年話題になり、店には地元の人やたくさんのパリっ子達、そして観光客もつめかけるようになります。

トラディションって何？

　トラディション（tradition）は伝統と言う意味です。次第に機械化され、味も均一になっていたバゲットに危機感を抱いた政府が、昔からの手間暇かけたバゲット作りを取り戻すために1993年に政令で定めた製造方法で作られたパンのことを言います。

　材料は原則として小麦粉、イーストまたはパン種、水、塩のみですが、大豆粉0.5％、ソラマメ粉2％、小麦麦芽粉0.3％までなら添加が許されています。普通のバゲット（ordinaire と言われる）と比べて皮がややごつごつした感じで、中身は弾力があります。発酵にかける時間と手間がかかるうえに値段のやや高いトラディションは消費者に浸透するのに時間がかかりましたが、今ではフランス人に大人気のバゲットとなっています。パン屋さんに行って「バゲットを下さい」と言うと、「普通のですか？トラディションですか？」と尋ねられることが多いです。

パン祭り　la fête du pain

　パン職人の守護神サン・トノレ（Saint-Honoré）の日である5月16日にちなんで、その前後1週間、フランス各地でパンのお祭りが催されます。この期間中に、パン屋さんの仕事やパンのことを一般の人により詳しく理解してもらうために、それぞれの地方が独自の趣向を凝らして様々なイベントを行います。子供たちにパン屋さんの仕事を体験してもらったり、学校で美味しいパンを配ったりと。また街のあちこちのパン屋さんで美味しいパンの味見ができます。

| コラム |

チョコレートあれこれ

Tablette (de chocolat)　板チョコ
おなじみの板チョコ。色々な種類がある。

Bonbon au chocolat　ボンボン・ショコラ
中に詰め物をした1口サイズのチョコレート。bonbonとは1口サイズの砂糖菓子（キャンディ）のこと。中身は、ガナッシュ、プラリネ、マジパン、ジャンドゥヤなどでそれをクーベルチュールでコーティングする。ベルギーではpralineと呼ばれる。

Truffe (au chocolat)　トリュフ
ボンボン・ショコラの一種で、トリュフに形が似ているため名づけられた。クーベルチュールコーティングの表面にカカオパウダーや砕いたナッツをまぶすことが多い。

Bouchée　ブーシェ
ボンボン・ショコラより大きめのチョコレート。bouchéeは、フランス語で「一口分」と言う意。

Mendiant　マンディアン
薄い円形のチョコレートの上にドライフルーツやナッツをのせたもの。

Orangette　オランジェット
細切りにしたオレンジピールやレモンピールを砂糖漬けし、チョコレートでコーティングしたもの。

Chocolat chaud　ホットチョコレート（ココアとも言う）
クーベルチュールチョコレートを溶かし、温めた牛乳を入れて混ぜた飲み物。日本のココアより濃厚である。

> コラム

サロン・デュ・ショコラ

　パリでは、毎年10月末から11月初めの5日間に渡り、チョコレートの祭典サロン・デュ・ショコラ（Salon du chocolat）が開催されます。これは1995年から続く催しで、現在は約400に及ぶショコラティエやメーカーが参加しています。14ユーロの券を買えば誰でも入場でき、会場内に設置された様々なブースのチョコレートの味見や、気に入ったチョコレートを買い求めることがきます。

　この祭典は年を追うごとに次第に広がり、フランス国内だけではなく、ヨーロッパの都市、そして今ではアメリカや日本などのアジアの国々でも開催されていますが、何と言ってもパリの規模がずば抜けており、期間中様々なイベントが行われます。子供たちがショコラティエの指導のもとでチョコレートを作るワークショップ、著名なショコラティエがチョコレート製作を披露するデモンストレーション、専門家による講演等々‥中でも目玉はファッションショーです。ファッションデザイナーとショコラティエが協力して製作した斬新なチョコレートの服やアクセサリーが音楽に乗って次々と披露されます。

　また、ショコラ愛好クラブ（Club des croqueurs de Chocolat）によって、毎年優秀なショコラティエに与えられる賞の授与式が会場を借りて行われます。賞はタブレット（板チョコ）の色でランク付けされ、金、銀、銅の3ランクがあります。日本人ショコラティエは毎年優秀な成績をおさめています。

　2006年から2年に一度、ルレ・デセール協会*主催の「シャルル・プルースト杯」（P.71参照）がサロン・デュ・ショコラの会場で催され、与えられたテーマで若いパティシエ達が創造性と技術を競います。2018年度は、11名の最終候補者の中から石黒啓太氏が優勝に輝きました。

　その他の主なイベントとして、カカオ生産地域の中から、地域のカカオの特性を守り上質なカカオ豆を栽培している生産者が選ばれ受賞する催しもあります。

*ルレ・デセール協会（Relai Desserts）
　1881年にフランスで設立された、パティシエとショコラティエの技術向上を目指す協会。現在世界19カ国に89名の会員がおり、その多くは既に名を成した職人達である。

チョコレートの衣装のファッションショー

ブースに所狭しと並んだチョコレート

> コラム

カカオ豆の豆知識

　最近は、ショコラティエがカカオ豆自体に興味を持ち、その特性を生かしてチョコレートを作ろうとする動きが顕著になっています。多くの有名チョコレートメーカーやショコラティエはカカオ産地や農園を自ら選別し指定して仕入れを行っています。原産地の名前で売られているチョコレートもあります。

　また、ワインの生産ブドウ園の呼び方にならって、産地の特徴（生育環境）をterroir（テロワール）、特定のカカオ原産地をcru（クリュ）、特に高品質のカカオ豆生産地をgrand cru（グラン クリュ）と呼び始めています。

　その他の傾向としては、無農薬有機栽培のカカオを使って作るチョコレート、フェアトレード*のカカオから作られるチョコレート、カカオ分100％のビターチョコレートなどが消費者に好まれています。

＊フェアトレード：公正取引、発展途上国の原料などを適正な価格で購入して、生産者や労働者の生活改善と自立を目指す取引。

産地
カカオの生産地は赤道を挟んで南北の緯度が20度のゾーンです。主な生産国を生産量順にあげると次のようになります。
(1)コートジボワール（34％）　(2)ガーナ（17％）　(3)インドネシア（15％）
(4)ナイジェリア（6％）　(5)カメルーン（4％）　(6)ブラジル（4％）　(7)エクアドル（2％）

品種
カカオ豆の主な品種としては次の3種が挙げられます。また派生種も数多くあります。

①　フォラスティロ種：世界の生産量の80〜90％を占める。栽培が容易だが苦味と酸味が強く繊細さにやや欠ける。主に西アフリカ、ブラジル、エクアドルで生産されている。この中でエクアドル産のものは「アリバ」と呼ばれ、クリオロ種に並ぶその品質の良さで他に抜きん出ている。最近はこれを特に「ナショナル種」として、第4の品種に位置付ける傾向にある。

②　クリオロ種：病虫害に弱いので、生産量は1〜5％と僅かである。香りと口当たりがよく、苦味が少ない高品質の品種として珍重される。ラテンアメリカの国々（カライブ、メキシコ、ヴェネズエラ、コロンビア）で生産される。

③　トリニタリオ種：フォラスティロ種とクリオロ種を交配したもの。栽培しやすく香りがクリオロ種に近い。世界の生産量の10〜20％を占める。メキシコ、トリニダード島、中央アメリカ、カメルーン、インドネシア、インドなどが生産国。

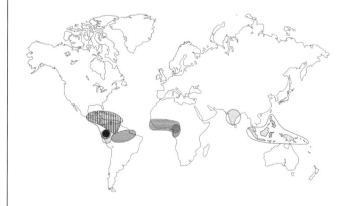

Leçon 7　Tarte aux pommes à l'alsacienne
（タルトゥ　オ　ポム　ア　ラルザスィエンヌ）
（アルザス風リンゴのタルト）

　タルト生地の上に櫛型に切ったリンゴを敷いて焼いた後、フランの生地を流し込み再び焼くアルザス地方の伝統的なタルト。この製法で作られるタルトには「アルザス風」という言葉がつけられる。

1.　人名や地名を表すとき

(1)「～地方（国）風」を表すとき

　①「～地方（国）風」を作り、菓子・デザート名の後におく

「～地方（国）風」の作り方

> à la
> à l'　　＋　地方（国）名の形容詞の女性形・単数

　　例　　「アルザス風」の作り方

地方（国）名	形容詞・男性形	形容詞・女性形	～地方（国）風
アルザス	アルザスィヤン	アルザスィエンヌ	アラルザスィエンヌ
Alsace →	alsacien →	alsacienne →	à l'alsacienne

「アルザス風リンゴのタルト」は
　　「リンゴのタルト」の後に「アルザスの風」を置く

Tarte aux pommes à l'alsacienne

　②　地方（国）名の形容詞を菓子名の後に直接つける
　　　（形容詞は修飾する名詞の性・数に一致させる）

　　　例　　Galette **bretonne**
　　　　　　女　　形・女性形

　　　　　　Beignet **breton**
　　　　　　男　　形・男性形

(2)（菓子の）発祥の地を表すとき　（P.34参照）

> de
> d'　　＋　地名

　　　例　　Macarons de Nancy　　　ナンシーのマカロン
　　　　　　Cannelé de Bordeaux　　ボルドーのカヌレ

64

(3) 人の名前をつけ、「～に捧ぐ」「～風の」という意味を表すとき
　　人名や店名をそのまま菓子・デザート名につける。

　　　例　　　Tarte Tatin　タルト・タタン　（P.107参照）

　　　　　　Pêche Melba　ピーチ・メルバ *

練習　次の地方名または国名から「～風」を作ってみよう。

	地方・国名	形容詞・男性形	形容詞・女性形	～地方（国）風
①	Normandie	normand	normande	....
②	Bretagne	breton	bretonne	....
③	Angleterre	anglais	anglaise	....

問題　左の日本語の菓子名になるようフランス語を入れてみよう。

① ナンシーのチョコレートケーキ　　Gâteau _____ chocolat _____ Nancy

② タイユヴァン（Taillevent：人名）風リンゴのタルト

　　　　Tarte _____ pommes _____

③ アルザス風サクランボ入りクグロフ

　　　　Kouglof _____ cerises _____ alsacienne

④ 栗のサブレ、ラム酒風味のクレームアングレーズ添え

　　　　Sablé _____ marrons, crème _____ _____ rhum

クグロフ（P.86参照）

＊近代フランス料理の巨匠と言われるエスコフィエ（1846-1935）がオペラ歌手ネリー・メルバに捧げたデザート

菓子・デザート名の書き方　パターン V

「〜地方（国）風」は菓子・デザート名の最後に置く

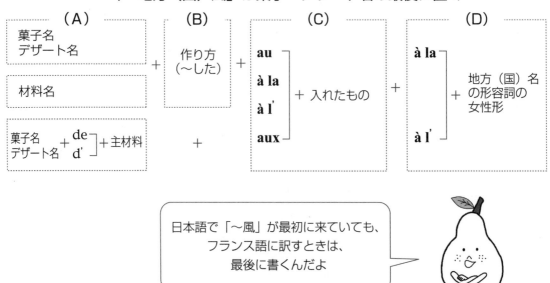

日本語で「〜風」が最初に来ていても、
フランス語に訳すときは、
最後に書くんだよ

☞注意

入れたものを表す【à la】あるいは【à l'】と形が同じなので混同しないよう気を
つけよう。

　　　　　　　　　　　　　　　　　　　　　　　　　　　　　日本語訳

　　　例　　Glace à la vanille　　　　　　　　..

　　　　　　Crêpe à la normande　　　　　　..

地名の形容詞を直接つけるときは、修飾する名詞のすぐ後に置き、その名詞の性・数に一致
させる。

　　　例　　Tarte alsacienne

　　　　　　Croissants alsaciens

問題　次の菓子名をフランス語に訳してみよう。

① カルヴァドス風味のクラフティ、ノルマンディ風

....

② リンゴ入り（蕎麦）のガレット、ブルターニュ風

....

③ アルザス風クエッチ（quetsche）のタルト

....

> コラム

Choux と仲間たち

　chou はもともとキャベツを意味するフランス語です。シュー生地をオーヴンで焼くと、ふんわりと膨れてキャベツのような形になるので、この名前がついたと言われています。焼いたシューは中が空洞になるのでいろいろな詰め物ができます。塩味の物を詰めると、前菜として料理の一品となります。シュー生地を使って作るお菓子はいろいろありますが、私たちが一番よく知っているのはシュークリームでしょう。これはフランス語で chou à la crème（クリームの入ったシュー）と言います。日本ではほとんどのケーキ屋さんで見かけますが、フランスではシュークリームだけで売られていることはあまりなく、次のようなお菓子になって売られています。

Éclair　エクレア

　エクレアはどこの店でも見かけます。éclair とは稲妻を意味し、名前の由来は上部表面に塗られたフォンダンが光に当たって稲妻のように光るからだと言われています。フランスではチョコレートまたはコーヒーのエクレアが一般的です。

Religieuse　ルリジューズ

　大きなシューの上に小さなシューを乗せ上からフォンダンをかけたお菓子で、religieuse（修道女）と言う名前は、修道女がベールを被っているように見えるところからつけられたとのことです。

Saint-Honoré　サン・トノレ

　円形のフイユタージュの周囲にシューを冠状に並べカラメル掛けし、中に crème chiboust（泡立てた卵白を crème pâtissière に混ぜ合わせたもの）を詰めたお菓子です。このクリームは Chiboust というパティシエが考案したので彼の名がつけられています。crème chiboust の代わりに crème chantilly も使われます。シブーストの店がパリのサン・トノレ通りにあったことからこの名前がついたと言われています。

Paris-Brest　パリ・ブレスト

　自転車の車輪の形をしたシューの中にプラリネクリームを詰め、上にスライスアーモンドを飾ったお菓子で、パリ・ブレスト間を往復する自転車レースを記念して作られたそうです。

Croquembouche　クロカンブッシュ

　bouche（口）に入れて croquant（カリカリ）とすることから名づけられたもので、小さく焼いたシューの中にカスタードクリームを詰めたものを円錐型に積み上げ、カラメルがけしたものです。これでカリカリ感がでてきます。これは伝統的に結婚式や洗礼式のとき、またパーティーでもよく作られるお菓子です。
（P.87参照）

Leçon 8　Sauce et Coulis
（ソースとクーリ）

レストランのデザート菓子にはソースが添えられることがある。「ソース」を意味するフランス語には sauce と coulis があり、一般的に次のように使い分ける。

　　① coulis　　　　果物のピュレから作る軽いソース

　　② sauce　　　　①以外のソース（果物のソースの場合はジャムや果汁から作ることが多い）

1.　　ソース名の書き方

┌───┐
│ ①　【 coulis 】と材料を【 de, d' 】でつなぐ。 │
│ ②　【 sauce 】の後に材料名を直接つける。 │
│ 　　入れてあるものや風味を強調するときは │
│ 　　【 sauce 】と材料を【 au，à la，à l'，aux 】でつなぐ。 │
│ 　　　　　　　　　　　　　　　　　　　　　　　（ P.23参照） │
└───┘

　　①　│ 例 │　Coulis de framboises　　　木イチゴのクーリ

　　　　　　　　Coulis d'abricots　　　　　　アプリコットのクーリ

　　②　│ 例 │　Sauce fraises　　　　　　　イチゴのソース

　　　　　　　　Sauce au rhum　　　　　　　ラム酒風味のソース

2.　　ソース名の位置

┌───┐
│ 　ソースの名前をデザート名に入れるときは最後に書く。 │
└───┘

前のデザート名と【 , 】で区切る。

　　│ 例 │　Pêches blanches rôties, coulis de groseilles
　　　　　　白桃のロースト、赤すぐりのクーリ添え

　　　　　　Crème glacée, sauce au moka
　　　　　　クレームグラセ、モカ風味のソース添え

前のデザート名と【 et 】でつなぐ。

　　│ 例 │　Pêches blanches rôties et coulis de groseilles

　　　　　　Crème glacée et sauce au moka

68

(問題) 次のデザート名をフランス語に訳してみよう。

① 赤い果物のコンポート、柑橘類のクーリ添え

……………………………………………………………………………………………

② 洋ナシのポシェ、チョコレートソース添え

……………………………………………………………………………………………

③ バニラ風味のミルフィーユ、木イチゴのクーリ添え

……………………………………………………………………………………………

crème あれこれ
クレーム

牛乳から分離した乳脂分を crème といいます。
　crème fraîche（クレーム フレッシュ）は生クリームのことです。これをホイップしたものは、crème fouettée（フエテ）（ホイップクリーム）、それに砂糖を加えると、crème chantilly（クレームシャンティイ）になります。

　Chantilly とはフランスパリ郊外に今もその美しいたたずまいを残す Chantilly 城のことです。ルイ14世の時代にこの城の料理長だったヴァテルが考案したのでこの城の名をとって名づけられたと言われています。

牛乳と卵から作られるものにも crème という言葉が使われます。
crème anglaise（アングレーズ）（カスタードソース）、 crème pâtissière（パティスィエール）（カスタードクリーム）などです。
また、バター、卵、砂糖から作られる crème au beurre（オ ブール）（バタークリーム）もあります。
乳製品を主体としたアントルメにも crème という単語が使われています。

次のものはよく知られています。
　　　　　crème brulée（クレームブリュレ）
　　　　　crème renversée（クレーム ランベルセ）（カスタードプディング）

糖分の多いリキュールも crème を使って表します。
　　　　　crème de cassis（クレーム ドゥ カスィス）（カシスのリキュール）
　　　　　crème de framboise（クレーム フランボワーズ）（木イチゴのリキュール）
crème de cassis に白ワインを入れると、キールと呼ばれる食前酒になります。

カフェ（喫茶店）のメニューにある café crème（カフェ クレーム）は、コーヒーに牛乳または生クリームを入れたものです。

デザートメニューの書き方は？

レストランで出されるデザートメニューでは一皿にいくつかのものが組み合わされていることが多い。フランス語で表すときは、普通、次のように書かれる。

(1) 2つのものを組み合わせるとき

【,】でつなぐ・・・A，B

例 Millefeuille aux framboises, glace à la vanille
木イチゴのミルフィーユとバニラアイスクリーム

(2) 3つのものを組み合わせるとき

【,】でつなぎ、最後を【et】でつなぐ・・・A，B et C

例 Millefeuille aux framboises, glace à la vanille et coulis de pêches
木イチゴのミルフィーユとバニラアイスクリーム、桃のクーリ添え

【,】だけでつなぐ・・・A，B，C

例 Millefeuille aux framboises, glace à la vanille, coulis de pêches

なるべくシンプルに書く方がわかりやすいよ

> コラム

パティシエの勲章

　パティシエを評価するのにはどんなものがあるでしょうか。まずコンクールがあげられます。様々なコンクールで、現在活躍している日本人パティシエの多くが何らかの賞を取っていることからも、コンクールはパティシエの登竜門の１つと言えます。それとは別にMOFというものがあります。これはフランスの職人の目指す最も権威のある肩書きで、日本語では「フランス最優秀技術者」と訳されています。

代表的なコンクール

シャルルプルースト杯（Concours Relais Desserts Charles Proust）

　1952年に始まった菓子の味と芸術性を競う伝統あるコンクールです。９年間の中断の後、2006年にルレ・デセール協会＊（Relai Desserts）の主催で再開されました。以後 Salon du Chocolat（サロン・デュ・ショコラ）のイベントの一環として２年に１度開催されています。毎回作品のテーマが与えられ、それにそって製作されたピエス・モンテの芸術性や技術を競うアーティスティック部門と、小型菓子（gâteau individuel）の食感や味の調和を競うデギュスタシオン（dégustation）部門があります。両部門の合計で最高得点のパティシエにシャルルプルースト杯が授与されます。このコンクールは若いパティシエの登竜門と言われています。

＊P.62参照

クープ・デュ・モンド（Coupe du Monde de la Pâtisserie）

　1989年に始まり、２年に１度開催される国際コンクールです。リヨンで開催されます。国別に争われ、参加国は３名でチームを作り技術を競い合います。日本チームは初回から参加して素晴らしい成績を収めており、2007年度には２度目の優勝を果たしました。

MOF（Meilleurs Ouvriers de France）

　３年に一度行われる厳しい審査に合格した職人に与えられる称号です。製菓関係では、パティスリー・砂糖菓子部門、氷菓・シャーベット・アイスクリーム部門、チョコレート・砂糖菓子部門などがあります。出場申し込みは地区ごとに行われ、地区予選の通過者が全国大会に臨みます。ここで合格した職人にＭＯＦの肩書きが与えられます。ＭＯＦの認定を受けた職人は公式の場でフランスの国旗である三色旗を真似たリボン状の紐のついたブロンズのメダルを首からかけますが、仕事中は重いメダルの代わりに仕事着に三色旗のカラーをつけることが許されています。フランスの有名なパティシエの写真でこのカラーを見たことがある方も多いと思います。ＭＯＦの資格試験はフランス人以外の外国人も受けられますが、日本人で取得した人はまだいません。

菓子・デザート名の書き方のまとめ

（Ａ）

菓子・デザート名あるいは主材料

（Ｂ）

作り方

① 菓子・デザート名

② 主材料

③ 菓子・デザート名＋$\begin{bmatrix} de \\ d' \end{bmatrix}$＋主材料

＋

作り方
（～した）

動詞の過去分詞から
作られる

＋

☞**注意**
- Aのブロックは必ず書かなければならない。
- B，C，D、Eは必要に応じて書く（常にあるとは限らない）が、
  書く場合はアルファベット順になる。
- 材料や菓子・デザート名に形容詞がつくことがある。
- 「～地方（国）風」を【à la】を使わず形容詞のみで表すときは、
  他の形容詞と同様に修飾する名詞の後に直接置く。

組み合わせの例

（A）①	Tarte
（A）① ＋（B）	Biscuit roulé
（A）① ＋（C）	Tarte aux pommes
（A）① ＋（D）	Tarte à l'alsacienne
（A）① ＋（C）＋（D）	Clafoutis au calvados à la normande
（A）① ＋（C）＋（E）	Gâteau au fromage, sauce à l'orange
（A）② ＋（B）	Poire pochée
（A）② ＋（C）	Pomme à la cannelle

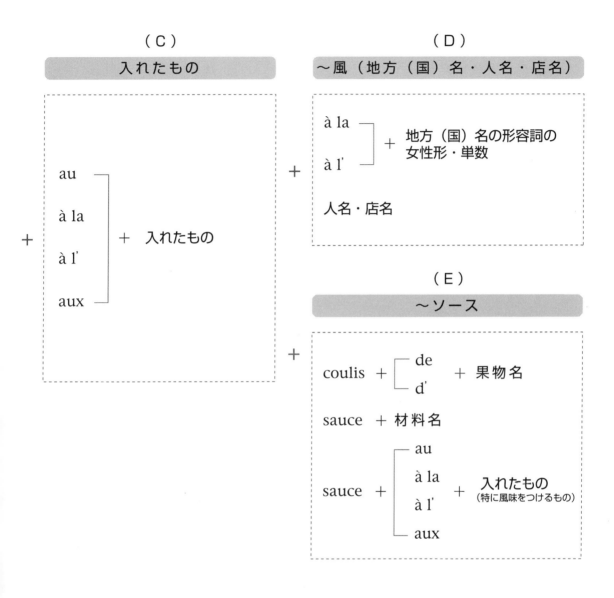

(A) ② + (B) + (C)	Poire rôtie au miel
(A) ② + (B) + (E)	Poire rôtie coulis de groseilles
(A) ③	Compote de pommes
(A) ③ + (C)	Compote de pommes à la cannelle

フランス語のつづり字と発音の規則

母音字　　a[a]　e[e]　i[i]　o[o]　u[y]　y [i]
　　　　　　　　ア　　　ウ、エ、無音　イ　　　オ　　　ユ　　　イ

1．母音字1つ：　原則としてローマ字読みになる。　例外：〈e〉〈u〉

　　　　　アクサン記号がついてもほとんどの場合発音は変わらない。

　　　カカオ　　　リ　　パートゥ　　ジュ　　スュークル　　ミュール　　イル　　ソジャ
　　　cacao　　riz　　pâte　　jus　　sucre　　mûre　　île　　soja

〈e〉の発音　　例：　　タルトゥレットゥ
　　　　　　　　　　tartelette

語頭、語中の〈e〉
　　① 〈e〉 + 子音字1つ　　　　　　軽い「ウ」　　melon　　menu　　demi
　　② 〈e〉 + 子音字2つ　　　　　　「エ」　　　galette　cannelle　dessert

語末の〈e〉
　　① 〈e〉　で終わる時　　　　　　「発音しない」coupe　　tomate　　purée
　　② 〈e〉 + 子音字1つで終わる時　「エ」　　　sorbet　fouet　　cornet

é, è, ê　　ほとんどの場合　　　　　　「エ」　　　café　　crème　　pêche

〈e〉の発音は、単語の中の
どこにあるかで決まるんだ！

２．母音字が２つ以上： 別の１つの音になる（ローマ字読みできない）

① ai 「エ」 la<u>i</u>t m<u>ai</u> fr<u>ai</u>s

   ei 「エ」 n<u>ei</u>ge s<u>ei</u>gle b<u>ei</u>gnet

② au, eau 「オ」 s<u>au</u>ce pron<u>eau</u> cout<u>eau</u>

③ ou 「ウ」 c<u>ou</u>lis g<u>ou</u>sse s<u>ou</u>fflé

④ eu, œu 「ウ」 b<u>eu</u>rre <u>œu</u>f zest<u>eu</u>r

⑤ oi 「オワ」 r<u>oi</u> n<u>oi</u>x p<u>oi</u>re

◆ i, u, ou ＋ 母音字： 「イ」「ユ」「ウ」と次の母音を一息に発音する。

   m<u>i</u>el gr<u>i</u>otte fr<u>u</u>it <u>oui</u> b<u>oui</u>llir

◆ 母音字 ＋ il, ill ： 「イユ」

   <u>ail</u> vani<u>lle</u> doui<u>lle</u> appar<u>eil</u> bout<u>eille</u> cerf<u>euil</u>

   例外：mi<u>lle</u>feuille（ミルフィユ） vi<u>lle</u>（ヴィル）

３．母音字 ＋ m, n ： 鼻母音になる（口と鼻から息を抜くように発音）

例： **un**（アン） **bon**（ボン） **vin**（ヴァン） **blanc**（ブラン）

① am, an 「アン」 or<u>an</u>ge fr<u>am</u>boise los<u>an</u>ge

   em, en 「アン」 m<u>en</u>the ging<u>em</u>bre t<u>em</u>pérage

② om, on 「オン」 c<u>on</u>c<u>om</u>bre r<u>on</u>d marr<u>on</u>

③ im, in 「アン」 mer<u>in</u>gue sarras<u>in</u> s<u>im</u>ple

   aim, ain, ein 「アン」 gr<u>ain</u> f<u>aim</u> pl<u>ein</u>

   um, un 「アン」 <u>un</u> parf<u>um</u>

④ ym, yn 「アン」 th<u>ym</u> s<u>ym</u>bole

⑤ ien 「イヤン」 b<u>ien</u> r<u>ien</u>

   oin 「オワン」 c<u>oin</u>g c<u>oin</u>treau

☞注意 m，n が連続する時は鼻母音にならない。 例：pomme（ポム） gramme（グラム）

75

子音字	単語の最後にくるときは原則として発音されない。（例外あり　P.23参照） 後に母音字がつづくときは、ローマ字を読むように組み合わせて発音する。 ただし、次の場合は気をつけよう。

1. c
① 後に子音字がくる場合　「ク」　　crêpe　crème　croûton
② c + a, o, u　「カ」「コ」「キュ」　　cassis　cocotte　cumin
③ c + e, i, y　「ス（セ）」「スィ」　　cerise　cidre　cygne

ç　　「サ行」の音　　ça　français　garçon

2. g
① 後に子音字がくる場合　「グ」　　glace　gratin　grille
② g + a, o, u　「ガ」「ゴ」「ギュ」　　gâteau　gomme　légume
③ g + e, i, y　「ジュ（ジェ）」「ジ」　　gelée　girofle
④ gue　「グ」　　figue　mangue
⑤ gui　「ギ」　　guitare　déguisé

3. s
① 後に子音字がくる場合「ス」　　biscuit　muscat
② 後に母音字がくる場合ローマ字読み　　sablé　sirop　soja
③ 母音字 + s + 母音字　「ザ行」の音　　sésame　raisin　saison

ss　　「サ行」の音　　mousse　poisson

4. ch
「シュ」のような音　　chat　chinois　chocolat
例外：「ク」　　technique

5. gn
「ニュ」のような音　　cognac　champagne　pignon

6. qu
「カ行」の音　　quatre　quiche　pastèque

7. r
後に子音字がくる場合　「ル」　　tarte　corne　marbre
後に母音字がくる場合ローマ字読み　　gratin　abricot　rouge

8. h

単独では決して発音されない。

thé　hôtel　cacahouète

ただし、〈 le, la, de 〉の後につづく場合は形に気をつけよう。

（発音は下の母音字省略参照）

① 母音字扱いをされる場合……母音字省略やリエゾンがされる

例	辞書での表示	de の後	le, la の後
	huile →	d'huile	l'huile

② 子音字扱いをされる場合……辞書では†印がついている

例	辞書での表示	de の後	le, la の後
	† haricot →	de haricot	le haricot
	† hauteur →	de hauteur	la hauteur

母音字省略 （élision）

〈 le, la, de 〉は、その後に母音字、または母音字扱いをされる〈 h 〉で始まる単語が続くと〈 l', l', d' 〉となり、次の単語と組み合わされる。

アポストロフを無視してそのままローマ字読みする。

◆ le, la + 名詞（母音字、または母音字扱いの〈 h 〉で始まる）

la orange → l'orange　　　le hôtel → l'hôtel

◆ de + 名詞（母音字、または母音字扱いの〈 h 〉で始まる）

jus de orange → jus d'orange　　　maître de hôtel → maître d'hôtel

---

リエゾン （liaison）

フランス語ではつづり字の最後の子音字は発音しないが、次に母音字（または母音字扱いの h）で始まる語が来ると一緒に続けて発音する場合が多い。これをリエゾンという。その際、〈 s 〉〈 x 〉は「ズ」、〈 d 〉は「トゥ」の音になる。

| 例 | les oranges | deux heures | dans une bassine | grand abricot |

77

発音練習問題

次の単語を読んでみよう。

1. 母音字、鼻母音（母音字 + m, n）、発音しない文字

jus	roi	peu	sauce	soupe
four	hôtel	jambon	beau	vin
fondant	paix	ruban	rouleau	parfait

2. 〈 e 〉の発音

petit	petite	verre	série	repas
purée	fête	mère	filet	baumé

3. 〈 il, ille 〉の発音

famille	fenouil	douille	pareil	pastillage

4. 〈 ç, c 〉の発音

coupe	cercle	cerise	compote	croissant
carte	crêpe	ciseaux	façon	couverture

5. 〈 g 〉の発音

glace	anglais	gelée	goût	gingembre
génoise	fromage	gaufre	meringue	nougatine

6.〈s〉の発音

salon	sirop	mousse	maison	boisson
seau	service	raisin	tasse	anglaise

7.〈ch〉の発音

chou	chat	bouche	champagne	chèvre
chez	chinois	chausson	choix	chiffon

8.〈gn〉の発音

pignon	agneau	beignet	cognac	campagne

9. 総合練習

froid	chaud	bûche	pièce	sauvage
moitié	pépin	rouge	soleil	breton
fille	tuile	cygne	pinceau	armagnac
arachide	noisette	mignon	invité	marmelade
glaçage	morceau	relais	théière	valentin
poisson	infusion	suisse	château	réveillon
citrouille	timbale	recette	début	souhait
haut	savarin	crêperie	buffet	saison

Dans un café　カフェで

Client：Monsieur, s'il vous plaît.　　　　　お願いします。
Garçon：Bonjour, vous désirez?　　　　何になさいますか。
Client：Un café et une tarte au chocolat, s'il vous plaît.
　　　　　　　　　　コーヒーとチョコレートタルトを一つお願いします。

Garçon：Très bien.　　かしこまりました。

"〜, s'il vous plaît."　〜をおねがいします、〜を下さい
　人を呼ぶとき、物を尋ねたり、欲しいものを頼むときなどに使える便利な表現。

例）Deux croissants, s'il vous plaît.　　クロワッサンを2個下さい。

関連語

un café（＝ un expresso） コーヒー　　un café crème （ミルク入り）コーヒー
un thé 紅茶　　un chocolat ココア
une tisane ハーブティー
une tarte maison 自家製タルト　　une tarte au chocolat チョコレートのタルト
un sandwich au jambon（ au fromage ） ハム（チーズ）サンドイッチ
une tartine オープンサンド

un couteau
une fourchette
une cuiller
une assietle
une théière

コラム

パリのサロン・ド・テ

　サロン・ド・テ（Salon de thé）とは英語でティールームのことです。ここでは紅茶を中心とした飲み物と、おいしいケーキや焼き菓子を楽しめます。

　サロン・ド・テは19世紀末、男性の社交の場であったカフェにパティスリーの要素を加えたもので、20世紀初めには女性達の社交場として定着しました。当時の代表的なサロン・ド・テであるラデュレ（Ladurée）やアンジェリーナ（Angélina）は今でも老舗として多くの客を集めています。

　カフェより値段はやや高めですが、内装を凝らした店内は個性的で、ゆったりとした空間の中、優雅な時間が過ごせます。お菓子の他、キッシュやサラダ、サンドイッチといった軽食もとれ、店によってはお昼に軽食＋デザート＋飲み物のセットや、また、中国茶、日本の緑茶などを提供するところもあります。例えば、「ラデュレ」はマカロンで有名ですが、ケーキの品揃えも豊富で、シュー（choux）を使ったサン・トノレ（Saint-Honoré）やルリジューズ(Religieuse)（P.67参照）のようなクラシックなものもあります。サン・ジェルマン・デ・プレの「ラデュレ」では、1階はトロピカルな雰囲気が楽しめ、2階は青と黒を基調としたシックな内装が魅力的です。

サロン・ド・テ「ラデュレ」

「ラデュレ」や「アンジェリーナ」のような伝統的な店の他に、様々なスタイルが見られます。パティスリーが併設しているもの、ホテル経営のもの、午後だけサロン・ド・テに変身するレストランなどがあります。また、最近ではアラブや中国のお菓子を専門とするサロン・ド・テもあり、それぞれ違った雰囲気が魅力です。

季節と祝祭日
CALENDRIER（暦）Saisons（季節）/ Mois (月) / Fêtes（祝祭日）/ Fruits（果物）

PRINTEMPS　春

Mois
mars	3 月
avril	4 月
mai	5 月

Fêtes
Carnaval	カーニヴァル（謝肉祭）
Pâques	復活祭（イースター）
Poisson d'avril	エイプリル・フール

Fruits
cerise

fraise

ETE　夏

Mois
juin	6 月
juillet	7 月
août	8 月

Fruits
abricot

cassis

figue

framboise

melon

myrtille

pêche

poire

prune

AUTOMNE　秋

Mois
septembre	9 月
octobre	10月
novembre	11月

Fruits
citron	poire
figue	raisin
marron	
mûre	
muscat	
orange	
mirabelle	
quetsche	

HIVER　冬

Mois
décembre	12月
janvier	1 月
février	2 月

Fêtes
Saint Nicolas	サン・ニコラの日
Noël	クリスマス
Epiphanie	御公現の日
Saint Valentin	バレンタインデー

Fruits
pomme

お菓子によく使う言葉

Noël （ノエル）　　　　　　クリスマス

　Joyeux Noël !（ジョワイユ）　　　「クリスマスおめでとう！」

　Père Noël（ペール）　　　　サンタクロース

　arbre de Noël（アルブル）　　　クリスマスツリー

Nouvel an（ヌヴェ ラン）　　　新年

　Bonne année !（ボ ナネ）　　　「新年おめでとう！」

Pâques（パーク）　　　　　復活祭（イースター）

　Joyeuses Pâques !（ジョワイユーズ パーク）　　「復活祭おめでとう！」

anniversaire（アニヴェルセール）　　　誕生日

　Bon anniversaire !（ボ ナニヴェルセール）　　「お誕生日おめでとう！」

　Joyeux anniversaire !（ジョワイユ アニヴェルセール）　　「お誕生日おめでとう！」

　cadeau d' anniversaire（カド ダニヴェルセール）　　誕生日プレゼント

mariage（マリアージュ）　　　結婚

　mariage heureux（マリアージュ ウルー）　　幸せな結婚

　gâteau de mariage（ガト ドゥ マリアージュ）　　ウエディングケーキ

郷土・季節・祝祭とお菓子

お菓子の名前		行事（季節）	地方
Baba au rhum (ババ オ ロム)	ババ・オ・ロム		②
Béret basque (ベレ バスク)	ベレ・バスク		⑭
Biscuit de Savoie (ビスキュイ ドゥ サヴォワ)	ビスキュイ・ド・サヴォワ		⑪
Biscuit de Champagne (ビスキュイ ドゥ シャンパーニュ)	ビスキュイ・ド・シャンパーニュ		③
Brioche de Saint-Genis (ブリオッシュ ドゥ サン ジュニ)	ブリオッシュ・ド・サン・ジュニ		⑪
Bugne (ビューニュ)	ビューニュ	カーニヴァル（春）	⑪
Bûche de Noël (ビュッシュ ドゥ ノエル)	ビュッシュ・ド・ノエル	クリスマス	
Calisson (カリソン)	カリソン		⑯
Cannelé (de Bordeaux) (カヌレ ドゥ ボルドー)	カヌレ（ド・ボルドー）		⑬
Œufs de Pâques (ウ ドゥ パーク)	復活祭の卵	復活祭（春）	
Clafoutis limousin (クラフティ リムザン)	クラフティ・リムーザン		⑫
Colombier (コロンビエ)	コロンビエ	聖霊降臨の祝日（春）	⑯
Cramique (クラミック)	クラミック		④
Crêpe (クレープ)	クレープ	聖母お清めの日（2月2日）	

お菓子の名前		行事（季節）	地方
Croquembouche クロカンブッシュ	クロカンブッシュ	お祝い	
Croustade aux pommes クルスタッドゥ オ ポム	クルスタッド・オ・ポム		⑬
Dragée ドラジェ	ドラジェ	お祝い	②
Far breton ファール ブルトン	ファール・ブルトン		⑦
Fiadone フィアドーヌ	フィアドーヌ		⑰
Galette des Rois ガレットゥ デ ロワ	ガレット・デ・ロワ	御公現の日（1月6日）	
Galette bretonne ガレットゥ ブルトンヌ	ガレット・ブルトンヌ		⑦
Galette bressane ガレットゥ ブレッサンヌ	ガレット・ブレッサンヌ		⑪
Gâteau basque ガトー バスク	ガトー・バスク		⑭
Gaufre ゴーフル	ゴーフル	カーニヴァル（春）	④
Grenoble グルノーブル	グルノーブル		⑪
Kouglof クグロフ	クグロフ		①
Kouign-amann クイニー アマン	クイニー・アマン		⑦
Macaron de Nancy マカロン ドゥ ナンスィー	マカロン・ド・ナンシー		②
Macaron parisien マカロン パリズィヤン	マカロン・パリジャン		⑤
Madeleine マドゥレーヌ	マドレーヌ		②
Marron glacé マロン グラセ	マロン・グラセ	晩秋	
Merveille メルヴェイユ	メルヴェイユ	祭り	⑮⑯
Millas ミヤス	ミヤス		⑬
Mirliton ミルリトン	ミルリトン		⑥
Navettes de Provence ナヴェットゥ ドゥ プロヴァンス	ナヴェット・ド・プロヴァンス		⑯
Nougat de Montélimar ヌ ガ ドゥ モンテリマール	ヌガー・ド・モンテリマール		⑪
Pain d' épices de Dijon パン デピス ドゥ ディジョン	ディジョンのパン・デピス		⑩
Pain d' épices d'Alsace パン デピス ダルザス	アルザスのパン・デピス		①
Pithiviers ピティヴィエ	ピティヴィエ		⑨
Pompe à l'huile ポンプ ア リュイル	ポンプ・ア・リュイル	クリスマス	⑮⑯
Tarte au fromage タルトゥ オ フロマージュ	タルト・オ・フロマージュ		①
Tarte aux mirabelles タルトゥ オ ミ ラ ベル	ミラベルのタルト		①②
Tarte aux pignons タルトゥ オ ピニョン	松の実のタルト		⑮⑯
Visitandine ヴィズィタンディーヌ	ヴィジタンディーヌ		②

> コラム

Kouglof　クグロフ

　ドイツとの国境に接するフランス北東部、アルザス地方の銘菓で、Kugelhof(クーゲル・ホフ)とも呼ばれます。ホフは「ビール酵母」を意味するドイツ語で、その名の通り昔はビール酵母を使って発酵させて作っていました。中世末期よりドイツ周辺のヨーロッパ各地では結婚式や洗礼式で食べられる伝統的なお菓子だったようです。
　フランスに持ち込まれたのは18世紀、オーストリアの王女マリー・アントワネットがルイ16世に嫁いだ時で、彼女は毎朝このクグロフを食べていたと言われています。
クグロフはブリオッシュ生地を溝のついた鐘形の独特な陶器の型で焼いたもので、アルザス地方では日曜日のミサのあとクグロフを買って帰り皆で食べる習慣が残っています。

Macarons　マカロン

　フォションやラデュレなどパリの有名なお菓子屋さんのショーウインドー一杯にカラフルで可愛いマカロンの飾りつけがされ、大変人気のあるお菓子ですが、もとはフランス各地で作られていた素朴な郷土菓子です。アーモンドパウダーと砂糖と卵白で作られる焼菓子で、生地の配合や作り方の微妙な変化で種々のマカロンが作られています。日本でよく見られる表面がなめらかで光沢のある macarons lisses (macarons parisiens "パリのマカロン"とも呼ばれる)と表面がひびわれた macarons de Nancy の2つのタイプに分けられます。パリのマカロンは普通、間にクリームを挟んで2枚を合わせたもので pieds（足）と呼ばれる縁が出ているのが特徴です。マカロンは16世紀、イタリア・フィレンツェのメディチ家の娘カトリーヌがフランスのアンリ2世に嫁いだ時アイスクリームやフロランタンなどのお菓子と共に伝えられ、その宮廷からフランス各地に広まったと言われています。アキテーヌ地方のマカロン・ド・サンテミリオン、ロワール地方のマカロン・ド・コルメリなどフランス各地の修道院のものが有名ですが、中でも18世紀、ロレーヌ地方のナンシーの修道女が作ったマカロンは、その名をとった"SŒURS MACARONS"というお店で、現在でも平たい丸型で表面がひびわれた形に作られ、素朴な伝統の味が受け継がれています。

マカロンの店 "SŒURS MACARONS"

Madeleine　マドレーヌ

　その名の由来は、18世紀中頃フランス北東部ロレーヌ地方の領主スタニスラス・レクチンスキー公に仕えたメイドの名前だと言われています。「スタニスラス公が催していたパーティの調理場で料理長とけんかをしてパティシエが帰ってしまい困っていたところ、あるメイドが祖母に教わったといってビスキュイのようなお菓子を作りデザートとして出すと、そのふっくらとした黄金色の菓子が客たちに大評判をとり、公もその菓子をとても気に入り、そのメイドの名前をとってマドレーヌと名付けた」というのです。公はその菓子を自分の娘マリーに送りましたがその娘というのはルイ15世のお妃でした。彼女がこれをパリで大流行させたのです。現在でもマドレーヌはロレーヌ地方コメルシーの名物で、毎年6月の第一日曜日にはこの町でマドレーヌのお祭りがあります。初夏のマドレーヌの耀きは若い娘さんの物語にぴったりです。

コラム

Baba au rhum ババ・オ・ロム

　ババ・オ・ロム（ババとも言われる）は発酵生地をダリオル型（ババ型）で焼き上げ、ラム酒入りのシロップに浸けたもの、これに生クリームや果物を飾ったものがサヴァラン、とされていますが現在では同じものを指すことが多いようです。

　名前の由来をたどるとマドレーヌ*の名付け親と言われるフランスのロレーヌ地方の領主スタニスラス・レクチンスキー公が再登場します。

　スタニスラス公が旅行から持ち帰った固くなったお菓子をシロップに浸し柔らかくして食べたところ美味しかったので、その時読んでいた本の主人公の名前のアリババをその名前につけたとか、また、そのお菓子はクグロフであった、とも言われています。そしてお抱えパティシエのストレーがこの固くなったお菓子をサフラン風味のマラガワインに浸し、カスタードクリームを加えたのだとか…名前の由来はともかくこのお菓子は美食家でお菓子の好きなスタニスラス公がいたから生まれたと言ってもいいかもしれません。

　パティシエのストレーはスタニスラス公の娘がフランスのルイ15世にお嫁入りするときにヴェルサイユ宮殿まで随行し、1730年には、パリに自分の店"Pâtisserie Stohrer"を出します。その後、彼の後継者がラム酒を使うことを思いつき、この老舗の名物 Baba au rhum が誕生しました。ストレーは今でもパリ最古のパティスリーとして愛され続けています。

　19世紀中旬、パリのパティシエ、ジュリアン兄弟がババ・オ・ロム をもとにサヴァラン**を考案したと言われます。

ババ・オ・ロム

Antonin Carême アントナン・カレーム

　アントナン・カレームは19世紀前半、フランス宮廷に仕えて多くの料理や菓子を創案し、その後イギリス、オーストリアの宮廷でも大活躍した料理人・パティシエです。

　その業績は著作に残されており、後世の料理人やパティシエに大きな影響を与えたと言われます。

　パティシエとしての偉大さは完成度の高い組み立て方にあります。代表的なCharlotte russe（ロシア風シャルロット）、Vol-au-vent à la française（フランス風ヴォローヴァン）、Pudding de cabinet（プディング ドゥ キャビネ）、Beignet à la dauphine（王太子妃風のベニエ）などはフランス菓子の古典として現在でも作られています。また、クロカンブッシュ***のように高く積み重ねて作られたピエスモンテは建築に興味を持っていた彼がその知識を生かして建築物のように作り上げたものです。

*マドレーヌ　（P.86参照）
**「美味礼讃」で有名なフランスの政治家で食通のブリア・サヴァランに捧げて名付けられたという。
***クロカンブッシュ　（P.67参照）

クロカンブッシュ

果物とはちみつとお酒

お菓子とスパイス

　アイスクリームやプリン、パウンドケーキやシフォンケーキなどお菓子作りに欠かせない甘い香りのバニラビーンズ。主な産地は、アフリカ大陸東南のインド洋の島、マダガスカルやレユニオン（ブルボン・バニラと呼ばれる）、タヒチ、インドネシア、メキシコなどですが、香りも異なりそれぞれ特徴があるので用途に応じて使い分けられています。ちなみにバニラに含まれる香り成分は2000種以上と言われます。

　シナモン（cannelle）は棒状と粉末があり、スリランカ産が良質とされています。リンゴを使ったお菓子や飲み物、リキュールなどに使われます。その他、お菓子用のスパイスとしてはクローブ（girofle）、ナツメッグ（muscade）、生姜（gingembre）、ミント（menthe）、オールスパイス（poivre de la Jamaïque）などがあります。最近では chocolat épicé として胡椒（poivre）や生姜などをチョコレートに使う chocolatier もいます。

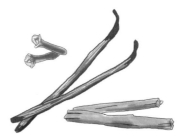

お菓子とお酒

　洋酒は、ほんの少し加えるだけで材料のもつ香りを引き立てたり、あるいは、お菓子全体の味や香りを高めたり、お菓子作りの副材料として重要な役割を果たしています。

〔お菓子作りによく使われる洋酒〕
- 醸造酒……ワイン（vin）、リンゴ酒（cidre）、シャンパン（champagne）
- 蒸留酒（eau-de-vie）
　　　　　ブランデー（eau-de-vie de vin）：コニャック（cognac）、アルマニャック（armagnac）
　　　　　オ・ド・ヴィ・ド・ポワール（eau-de-vie de poire）
　　　　　カルバドス（calvados）、キルシュ（kirsch）、ラム（rhum）
- 混成酒(リキュール liqueur)
　蒸留酒や醸造酒に糖分とさまざまな果実や香草など芳香性の強い植物を加えて香味をつけたお酒で、甘くて香り高く個性が強く、製菓では果実系と種子系が多用されます。

　　　　　果実系：果皮……コワントロー（cointreau）
　　　　　　　　　　　　　グラン・マルニエ（Grand Marnier）
　　　　　　　　　　　　　トリプルセック（triple sec）
　　　　　　　　　　　　　キュラソー（curaçao）
　　　　　　　　　果肉……チェリーブランデー、マラスキーノ（marasquin）
　　　　　　　　　　　　　クレーム・ド・カシス（crème de cassis）（P.69参照）
　　　　　種子系：クレーム・ド・カカオ（crème de cacao）、アマレット（amaretto）
　　　　　　　　　クレーム・ド・モカ（crème de moka）

コラム

外国から来たお姫様とお菓子

　フランスの歴史にはお菓子にまつわる沢山の外国からお嫁入りしたお姫様が登場します。16世紀、アンリ2世に嫁いだイタリア・フィレンツェのメディチ家の娘カトリーヌは多くのお料理や食事のマナーと一緒にイタリアからアイスクリームやマカロンを宮廷にもたらしたと言われています。

　17世紀、ルイ13世に嫁いだアンヌ・テレーズとルイ14世に嫁いだマリー・テレーズはどちらもスペインから来たチョコレート大好きのお姫様、フランス宮廷とパリに美味しいチョコレートの飲み物を大流行させました。

　18世紀、グルメで有名なロレーヌ地方の領主スタニスラス・レクチンスキー公の娘でルイ15世のお妃となったマリーは父から教えてもらったマドレーヌを宮廷で流行らせました。

　18世紀末、オーストリアのハプスブルグ家からルイ16世に嫁いだマリー・アントワネットはフランス革命の時に捕らえられ、市民が飢えて「パンがない、なんとかしてくれ」という訴えに「パンがなければお菓子を食べればいいわ」と言ったそうですが、このお菓子というのが実は＜ブリオッシュ＞だったと言われています。

　フランスと近隣諸国の王室との間の婚姻はその時々の最高の文化を実家の国から嫁ぎ先のフランスにもって来ました。その中の特別な引き出物がお菓子だったのです。

パリにアイスクリームとチョコレートを流行らせた カフェ「ル・プロコップ*」

　1686年、シチリア系フィレンツェの商人プロコピオがパリのサン・ジェルマン・デ・プレにお茶やチョコレートを飲ませる豪華な店をつくりました。コメディ・フランセーズに近いので、当時の役者、劇作家、音楽家などが集い、文芸サロンとして大繁盛を続け、フランス革命の時代には政治家や評論家のたまり場となりました。ナポレオンが若い頃お茶代を忘れたので、帽子をカタにおいて帰ったというエピソードが残っています。

　プロコピオはアラブから伝わった冷たい飲み物〝シャルバート〟に果物やナッツを混ぜたシチリア名物〝ソルベット〟を流行らせ、現在のアイスクリームの原型といわれる glace à la chantilly を考案しました。そのころには80種類ものアイスクリームを提供していたと言われます。

　チョコレートやアイスクリームを売り出したカフェの総本山「ル・プロコップ」は現在もランシエンヌ・コメディー通りで昔の姿を残しながらレストランとして営業を続けています。

＊ Le Procope

現存する最古のカフェ「ル・プロコップ」

ルセット編

Leçon 1　ルセットの読み方

フランス語ではレシピのことを
ルセット（recette）と言うんだよ。

ルセットの組み立て
　菓子・デザート名
　材料(ingrédients)と数や分量
　　　アングレディアン
　作り方

材料と分量の表し方

（1）　個数、本数などで表されている時：　　　数字 + 材料(名詞)

　例　　2 pommes　　　　　　　　　　　　　「2個のリンゴ」

（2）　g、cl　などで表されている時：　　　　容量 + de + 材料(名詞)

　例　　20g de sucre　　　　　　　　　　　「20gの砂糖」
　　　　1 cl (= centilitre) de crème　　　「1 cl (= 10 ml) のクリーム」
　　　　　　　　サンティリットル

（3）　特殊な表現：

　例　　　　ユヌ キュイエール　　　　キュイエール
　　　　1 cuiller (= 1 cuillère) à soupe*de rhum　　「大さじ1杯のラム酒」

　　　　1 cuiller à café de cannelle en poudre　　　「小さじ1杯のシナモンパウダー」

　　　　　　　　　　　　　　　　　　　キュイユレ
　　　　　　　　　*　1 cuillerée à soupe (café) de ～　と書かれる場合もある。
　　　　　　　　　　　1 cuill. と省略されることが多い。

　　　　　アン ヴェール ドゥ
　　　　1 verre de lait　　　　　　　　　　　「コップ1杯の牛乳」
　　　　　ユヌ フイユ ドゥ
　　　　1 feuille de gélatine　　　　　　　　「1枚のゼラチン」
　　　　　アン プ ドゥ
　　　　un peu de sel　　　　　　　　　　　「少しの塩」
　　　　　ユヌ グットゥ ドゥ
　　　　une goutte de cognac　　　　　　　「1滴のコニャック」

練習 次の材料を訳してみよう。

① 4 grosses pommes

② 1 cuill. à café d'huile

③ 2 cuill. à soupe de miel

④ 300g de pâte d'amandes

⑤ 1 œuf entier et 3 jaunes d'œufs

⑥ 1 verre d'eau

⑦ 1 cl de rhum

⑧ 1 gousse de vanille

☞注意　フランス語の数字の "1" は、【 un 】（アン）と【 une 】（ユヌ）の2つがあり、
後に続く名詞の性別によって使い分ける。

例　　un citron 男　　　une poire 女

形と大きさの表現

お菓子を作るときの型の形*や大きさは次のように表される。　　*形（P.101参照）

1．直径 ～　　～ de diamètre（ディアメートル）

un cercle de 26cm de diamètre　　「直径26センチのセルクル」

2．厚さ ～　　～ d'épaisseur（デベスール）

un cadre de 5mm d'épaisseur　　「厚さ5ミリのカドル（枠）」

3．幅 ～ / 長さ ～　　～ de large（ラルジュ）　/　～ de long（ロン）

un rectangle de 15cm de large et de 30cm de long
「幅15センチ、長さ30センチの長方形　」

4．高さ（深さ）～　　～ de hauteur（オトゥール）

un plat de 18cm de diamètre et de 2cm de hauteur
「直径18センチ、深さ2センチの皿」

93

Leçon 2　ルセットの読み方

ルセットの文章は、動詞が文の初めに置かれ、不定形と命令形の場合がある。

1)　動詞の不定形が使われる場合

フランス語では、辞書に出ているつづり字のままの動詞を**不定形**という。

> 名詞と動詞の
> 並び方が日本語
> とは逆だよ

例1　**Eplucher la* pomme**　　リンゴの皮をむく
　　　　エ ブ リュ シェ
　　　（動詞の不定形）　目的語（名詞）

基本形は、動詞の不定形 + 目的語(名詞)　であり、
「～を　～する」と訳す。

Tamiser la farine.　　　　　　　　　　小麦粉をふるう

Beurrer le* moule.　　　　　　　　...

Fouetter la crème fraîche.　　　　...

Laver les* fruits.　　　　　　　　...

　　　　　　　　　　　　　　　　* la, le, les（P.108参照）

例2　**Couper la pomme en quartiers**　　リンゴを「櫛形に」切る
　　　　ク　ペ　　　　　　　アン カ ル ティ エ
　　　（動詞の不定形）　　目的語（名詞）

例2のようにいくつかの動詞の場合は
動詞の不定形 + 目的語(名詞) + en + 形状・数を表す単語　となり、
「～を　～の形状（数）にする」と訳す。

Monter les blancs d'œufs en neige.　　卵白を「泡雪状に」泡立てる

Découper le beurre en dés.　　　　...

Fendre les abricots en deux.　　　...

Casser le chocolat en petits morceaux.　...

94

例3　**Faire fondre le chocolat**　チョコレートを溶かす

faire fondre　=　fondreと考えてよい。

いくつかの動詞の不定形にはさらに faire という動詞の不定形が加わるが、

ルセットでは「～を ～する」と訳す。

Faire ramollir (= ramollir) le beurre.　バターを柔らかくする。

☞**注意**　faire は本来「～を作る、～する」という意味の動詞である。

例　Faire la pâte brisée.　練りこみパイ生地を作る。

例4　**Laisser reposer la pâte**　生地を休ませておく

laisser + 動詞の不定形 + 目的語(名詞)の場合は、「 ～を ～のままにしておく」、

「 ～を ～しつづける」という継続の意味が含まれる。

練習　訳してみよう。

① Couper les oranges en rondelles.

………………………………………………………………………

② Laver et éplucher la poire.

………………………………………………………………………

③ Mélanger la farine et la levure chimique.

………………………………………………………………………

④ Ajouter les œufs battus <u>à la</u> pâte.

………………………………………………………………………

⑤ Préchauffer le four <u>à</u> 200 ℃.

………………………………………………………………………

⑥ Faire fondre la gélatine.

………………………………………………………………………

⑦ Faire cuire la tarte <u>au</u> four à 180 ℃.

………………………………………………………………………

⑧ Laisser reposer la pâte <u>au</u> frigo.

………………………………………………………………………

〈 le, la, les 〉
については
あとで詳しくネ

注　④à la　⑤à　⑦au　⑧au　～に、～の中に (P.114参照)

95

Madeleines [マドレーヌ]　ルセットを訳してみよう。

Préparation et cuisson　:　<u>environ</u> 1 <u>h</u>　　　·······································

Ingrédients <u>pour</u> 12 moules à madeleines　　·······································

100g de farine　　　　·······································
1g de levure chimique　·······································
100g de sucre　　　　·······································
100g d'œufs　　　　　·······································
75g de beurre　　　　·······································

① Beurrer les moules.　Tamiser <u>ensemble</u> la farine et la levure.

·······································

② <u>Dans</u> une petite casserole, faire fondre le beurre et laisser refroidir.

·······································

③ Casser les œufs dans une bassine et <u>y</u> ajouter le sucre.　<u>Bien</u> mélanger.

·······································

④ Mettre la farine <u>petit à petit</u> <u>en mélangeant</u> la pâte <u>avec</u> un fouet et y incorporer le beurre.

·······································

⑤ Verser la pâte dans les moules et laisser reposer <u>pendant</u> 2 heures.

·······································

⑥ Faire cuire les madeleines au four à 200 ℃ pendant <u>10 à 20 minutes</u>. Démouler et laisser refroidir <u>sur</u> une grille.

·······································

注

　　　　【environ】　約　【h】=heure　時間　【pour】　〜のための（に）（P.115参照）
①　【ensemble】　一緒に　②　【dans】　〜の中に（で）（P.114参照）
③　【y】　そこに（P.115参照）　　【bien】　よく
④　【petit à petit】　少しずつ　【en mélangeant】　混ぜながら（P.115参照）
　　　【avec】　〜で、〜を使って（P.114参照）　　⑤　【pendant】　〜の間（に）（P.99参照）
⑥　【10 à 20 minutes】　10〜20分　【sur】　〜の上で、〜上に（P.115参照）

マドレーヌ
　小麦粉、卵、バター、砂糖で作られる素朴で可愛らしいマドレーヌは日本で早くから親しまれてきたフランスの焼き菓子です。マドレーヌとはフランス人の女性の名前です（P.86参照）。

Ustensiles 道具 (1)

コラム

Moule à manqué ってなに？

manqué（マンケ）とは「失敗した、出来損なった」という意味のフランス語。moule à gâteau manqué「失敗したケーキ用の型」からきた言葉で、これには次のような話があります。

19世紀、パリの有名なお菓子屋のパティシエが生地作りに失敗したが、もったいないのでバターやラム酒などを入れてアレンジして焼いたところそのスポンジケーキが大評判となり、gâteau manqué という名前がつけられパリで流行したとか… 以後このケーキ用の型はマンケ型とよばれ、ケーキよりも型のほうが有名になって現在も使われているのです。マンケ型には丸（manqué rond uni ロンユニ）、四角（manqué carré カレ）、楕円形（manqué ovale オヴァル）、周囲にギザギザのあるタイプ（manqué rond cannelé カヌレ）などいろいろな型があります。

計量の表し方

重さ	kilogramme (キログラム)	kg	キログラム
	gramme (グラム)	g	グラム
量	litre (リットル)	l	リットル
	décilitre (デシリットル)	dl	デシリットル
	centilitre (サンチリットル)	cl	センチリットル
	millilitre (ミリリットル)	ml	ミリリットル
長さ	mètre (メートル)	m	メートル
	centimètre (サンチメートル)	cm	センチメートル
	millimètre (ミリメートル)	mm	ミリメートル
温度	degré (ドゥグレ)	℃	度（摂氏）
糖度	degré Baumé (ドゥグレ ボメ)	°B	ボーメ度

（シロップの糖度を表す単位。0°〜40°B）

balance (バランス)
はかり

verre gradué (ヴェール グラデュエ)
計量カップ

thermomètre (テルモメートル)
温度計

thermomètre à sucre (テルモメートル ア スュークル)
糖度計

時刻・時間の表し方

heure (ウール)	h	時・時間
minute (ミニュットゥ)	m, mn, min	分
seconde (スゴンドゥ)	s	秒

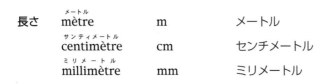

覚えよう・一週間 (une semaine ユヌ スメーヌ)

月曜日	lundi (ランディ)	火曜日	mardi (マルディ)	水曜日	mercredi (メルクルディ)
木曜日	jeudi (ジュディ)	金曜日	vendredi (ヴァンドルディ)	土曜日	samedi (サムディ)
日曜日	dimanche (ディマンシュ)				
平日に	en semaine (アン スメーヌ)	週末	week-end (ウィーケンドゥ)	祭日	jour férié (ジュール フェリエ)

La journée d'une pâtissière　〜　あるパティシエールの1日　〜

le matin　朝

 Elle arrive à son laboratoire à six heures.
「彼女は6時に仕事場に着きます。」

 Elle commence à travailler à six heures et quart.
「彼女は6時15分に仕事を始めます。」

 Elle s'occupe de la finition des gâteaux jusqu'à dix heures moins le quart.
「彼女は10時15分前までお菓子の仕上げをします。」

 Le magasin s'ouvre à dix heures et demie.
「店は10時半に開店します。」

 Elle se repose de midi à treize heures.
「彼女は正午から13時まで休憩します。」

l'après-midi　午後

 Elle commence à faire la mise en place à treize heures 10.
「彼女は13時10分に仕込みを始めます。」

 Elle finit son travail à dix-sept heures 30.
「彼女は17時半に仕事を終えます。」

le soir　夕方　→　la nuit　夜

 Le magasin se ferme à dix-neuf heures.
「店は19時に閉店します。」

覚えよう・時間の表し方

Faites cuire la pâte au four à 200℃ pendant 20 minutes.
「生地を200℃のオーブンで20分間焼きなさい。」

Sortez la pâte du four 10 minutes après.
「生地を10分後にオーブンから出しなさい。」

Le gâteau au chocolat sera cuit dans* 5 minutes.
「チョコレートケーキは5分後に焼きあがります。」

minuteur
タイマー

*dans：(今から)〜後に

Sablés   [サブレ]   ルセットを訳してみよう。

Préparation：30 min .... Cuisson：10 ~15 min ....
Ingrédients pour 120 pièces ....

450g de farine	....
300g de beurre	....
150g de sucre	....
10g de sucre vanillé	....
30g de lait	....
un peu de sucre pour la plaque	....

① Mettre le sucre et le sucre vanillé dans le beurre ramolli et malaxer.

....

② Ajouter la farine, mélanger le tout, verser le lait et mélanger encore légèrement.

　Laisser reposer la pâte au réfrigérateur pendant 2 heures.

....

....

③ Diviser la pâte en petit tas de 150g chacun et les façonner en bâtonnets.

....

④ Humidifier les bâtonnets de pâte avec un torchon mouillé. Saupoudrer

　la plaque de sucre et faire rouler les bâtonnets.

....

....

⑤ Couper les bâtonnets en rondelles d'un centimètre d'épaisseur, les disposer

　sur la plaque et mettre au four. Faire cuire à 180℃ pendant 10 à 15 min.

....

....

注

② 【tout】 すべて、全体　　【encore】 もう一度、さらに　　【pendant】 ～の間
③ 【en petit tas】 小さな塊に　　【chacun】 それぞれ
　 【les】 それらを（petit tas をさす）（P.108参照）
④ 【saupoudrer A de B】 AにBを振りかける（P.114参照）
⑤ 【les】 それらを（rondelles をさす）（P.108参照）

100

サブレ

　サブレはバターをたっぷり使った焼き菓子で、ノルマンディ地方の町、Sablé-sur-Sarthe（サブレ スュール サルトゥ）で作られたものを「Sablé」と呼んだことに由来します。また、生地がサクサクと砂をまいた（sablé）ような食感なので「Sablé」と呼ばれるようになったとも言われています。

Petits fours とは…

　"Petit four"という言葉の由来は、料理用の竈（かまど）が石で大きく作られていた18世紀以前にさかのぼります。この竈は微妙な温度調節ができなかったので、大きな肉塊などを強火で焼いたあとの petit feu（小さい火）でお菓子を焼いていました。これを petit four（小さい竈）と言ったことからきています。

　プティ・フールは、一口で食べられる小さいお菓子のことで、バリエーションも多く食べやすいのでパーティーやビュフェ、ランチ、カクテル、ティータイムなどに出されます。一般的には次のように分けられます。

Petits fours secs（プティ フール セック） ……… サブレやクッキー、ビスケットなど出来上がりが乾燥した状態の日持ちのする小さな焼き菓子。 Biscuits、Tuiles（テュイル）、Rochers（ロシェ）、Langues de chat（ラング ドゥ シャ）、Macarons（マカロン）*など。
　　　　　　　　　　　　　　　　　　　　　　　　＊macarons （P.86参照）

Petits fours frais（プティ フール フレ） ……… シュー生地、スポンジ生地に生の果物やカスタードクリームなどをのせた小さなケーキ。

Petits fours glacés（プティ フール グラッセ） ……… 一口大のスポンジ台にクリームやジャムをはさみ、チョコレートや糖衣がけをした小さなケーキ。

Petits fours salés（プティ フール サレ） ……… 塩味のプティ・フール。パート・ブリゼやフィユタージュをそのまま焼いたものや、型を作ってチーズ、野菜、魚介、肉類などをのせて焼くか、型を焼いてからのせたものでオードブルやおつまみとして出される。

覚えよう・形

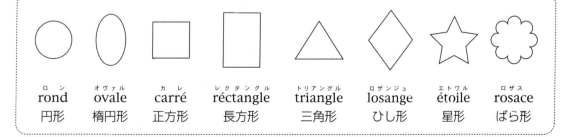

Leçon 3　ルセットの読み方

2)　動詞の命令形が使われる場合

例1　**Epluchez la pomme**　　リンゴの皮をむきなさい
　　　（動詞の命令形）　目的語（名詞）

　不定形の場合と同じように、動詞の命令形　＋　目的語(名詞)　となり、
　「〜を　〜しなさい」と訳す。

例2　**Coupez la pomme en quartiers**　　リンゴを「櫛形に」切りなさい
　　　（動詞の命令形）　目的語（名詞）

　動詞の命令形は、ほとんどの場合語尾の〈 er 〉が規則的に変化し、
　〈 ez 〉になるが、いくつかの動詞は不規則に変化するので覚えておこう。

規則変化	（不定形）	（命令形）
	couper	→ **coupez**

不規則変化	（不定形）	（命令形）
	faire	→ **faites**
	battre	→ **battez**
	réduire	→ **réduisez**
	répartir	→ **répartissez**

命令形は〈 ez 〉で終わることが多いよ

☞ **注意**　辞書で意味を調べる場合は命令形ではなく、不定形に直して引かなくてはならない。

練習 訳してみよう。

① Versez le lait doucement.

　　　　　　　　　　　　　　　　　　　　　

② Battez légèrement la crème et le sucre.

　　　　　　　　　　　　　　　　　　　　　

③ Répartissez la pâte dans des* moules.

　　　　　　　　　　　　　　　　　　　　　

④ Faites une abaisse de pâte de 3 mm d'épaisseur.

　　　　　　　　　　　　　　　　　　　　　

⑤ Laissez reposer la pâte pendant 2 heures minimum.

　　　　　　　　　　　　　　　　　　　　　

⑥ Mettez les jaunes d'œufs et le sucre dans une bassine.

　　　　　　　　　　　　　　　　　　　　　

＊ des（P.108参照）

軽く・やさしく・そっと・ていねいに

お菓子作りには微妙な動作が要求されるようです。
ルセットの中にもいろいろなニュアンスに富んだ表現がでてきます。

強弱の表現

légèrement（レジェールマン）	軽く	vivement（ヴィヴマン）	強く、すばやく
doucement（ドゥースマン）	やさしく、そっと	vigoureusement（ヴィグルズマン）	勢いよく
délicatement（デリカトゥマン）	そっと	énergiquement（エネルジクマン）	力強く
soigneusement（ソワニューズマン）	丁寧に		

例：Mélanger **doucement** la purée de fraises.

　　Incorporer **délicatement** la crème fouettée au chocolat fondu.

　　Epépiner **soigneusement** les raisins.

　　Battre **énergiquement** les œufs avec le sucre.

速度の表現

lentement（ラントゥマン）	ゆっくり	rapidement（ラピッドゥマン）	すばやく

例：Verser le lait **lentement** dans la pâte.

　　Ajouter **rapidement** le chocolat fondu.

Génoise　[ジェノワーズ]　ルセットを訳してみよう。

Préparation : 20 min　　　　................................

Cuisson : 30 ~ 40 min　　　　................................

Ingrédients pour un moule à manqué de 24 cm de diamètre

....

200g d'œufs	....
100g de sucre	....
100g de farine	....
50g de beurre fondu	....
30g de glucose	....

① Mettez les œufs, le sucre et le glucose dans une bassine et montez les ingrédients au bain-marie.

....

② Continuez l'opération jusqu' à ce que le mélange atteigne 40 ℃.

....

③ Retirez la bassine du bain-marie et continuez à battre le mélange jusqu'à ce qu'il fasse le "ruban".

....

④ Incorporez la farine tamisée et mélangez légèrement.

....

⑤ Ajoutez doucement le beurre fondu et mélangez à l'aide d'une spatule en bois.

....

⑥ Versez la pâte dans un moule beurré et fariné.

....

⑦ Mettez le moule au four préchauffé à 180 ℃ et laissez cuire 30 à 40 min. Démoulez et laissez refroidir sur une grille.

....

注

② 【 l'opération 】　作業（前の作業をさす）
　　【 jusqu'à ce que le mélange atteigne 40 ℃ 】　混ぜたものが40℃になるまで (P.122参照)
③ 【 jusqu'à ce qu'il fasse le ruban 】　混ぜたものがリボン状になるまで (P.122参照)
⑤ 【 à l'aide de ~ 】　～を使って

ジェノワーズ

「スポンジ生地」の製法の1つで、一般的には卵黄と卵白を共立てにして作られ、moka（モカ）や fraisier（フレジエ）などのお菓子の台として広く使われています。イタリアのジェノバ地方で生まれたことからジェノワーズと呼ばれているようです。　(P.37参照)

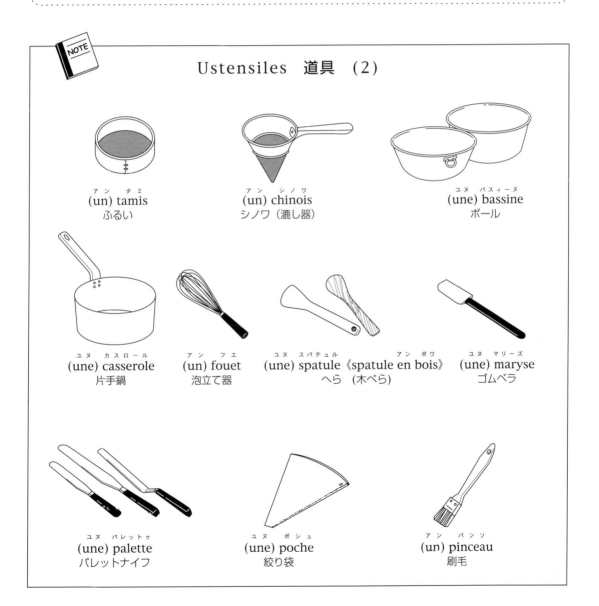

Tarte aux pommes　　[リンゴのタルト]　ルセットを訳してみよう。

Préparation et cuisson：1 h
Pour 4 à 6 personnes

....

....

> une pâte brisée de 20cm de diamètre　..
> 5 pommes　..
> 60g de sucre　..
> 30g de beurre coupé en morceaux　..
> 1 à 2 cuillers à café de sucre vanillé　..

① Préchauffez le four à 180 ℃.　Epluchez et émincez les pommes.

....

② Beurrez le moule et foncez-y la pâte.　Disposez les tranches de pommes

　en suivant le contour du moule régulièrement.

....

③ Saupoudrez le tout de sucre et de sucre vanillé, puis parsemez

　des morceaux de beurre.　Faites cuire au four pendant 40 minutes.

....

....

注

② 【 y 】　そこに　　　【 en suivant le contour du moule 】　型の縁に沿って

タルト

　Tarte は円形の生地（パート・シュクレ、パート・ブリゼ、フイユタージュなど）に果物やクリーム類を敷きつめたもので甘いものと塩味のものがあります。

　季節の果物、地方の果物を使って作られる種々のフルーツタルトはフランスで最もポピュラーなお菓子です。家庭でも旬の果物を使って気軽につくられていますが、中でも一番親しまれているのがリンゴのタルトで、アルザス風、ノルマンディ風、ブルゴーニュ風とそれぞれ地方色豊かです。また、変わったところでは tarte Tatin（タルト・タタン）があります（P.107参照）。

　その他、ロレーヌ地方特産のミラベル（小さい黄色のプラム）を使った tarte aux mira-belles（ミラベルのタルト）、プロヴァンス地方の tarte aux pignons（松の実のタルト）が有名です。

> コラム

Tarte Tatin　タルト・タタン

　これはキャラメリゼしたリンゴの上にタルト生地をのせてオーブンで焼き、できあがってからひっくり返して出すリンゴのタルトのことです。このタルトは古くから作られていたようですが、20世紀初め、ある美食評論家がフランス中部、ソローニュ地方のレストランの女主人タタン姉妹が作ったタルトを食べ、とても気に入ったので小咄（こばなし）を仕立て上げ有名にした、ということのようです。

　"タルト・タタン"は tarte des demoiselles tatin（タタン姉妹のタルト）、あるいは tarte renversée（さかさまにしたタルト）とも呼ばれます。

　小咄では、タタンさんがある時、タルト・オ・ポムをオーブンから出す際にうっかりひっくり返してしまい、失敗したと思って食べたところ天板で焼けたリンゴの表面のカラメルがパリパリさくさくになってとても美味しかったので試しに客に出すと受けたのでオリジナルにした、というお話です。
フランス人の宴会に小咄は欠かせないものですが、この話は"マドモアゼルのへま"や"ひっくり返した"ところが大いに受けたのでしょう。

> 覚えよう・味の表現

美味しい	bon (bonne), délicieux (délicieuse)
甘い　／　苦い　／　塩辛い	doux (douce), sucré　／　amer　／　salé
酸味のある	acide
生の　／　乾燥した	cru, frais (fraîche)　／　sec (sèche)
温かい　／　熱い　／　冷たい	tiède　／　chaud　／　froid
なめらかな　／　柔らかい	lisse　／　mou・mol (molle)
しっかりした　／　固い	ferme　／　dur
軽い　／　ふんわりとした　／　重い	léger　／　mousseux (mousseuse)　／　lourd
濃厚な	riche, dense

Leçon 4　ルセットの読み方

le, la, l', les　について

Laver la pomme et **la** couper en quartiers.　リンゴを洗い、櫛形に切る。
Lavez la pomme et coupez-**la** en quartiers.　リンゴを洗い、櫛形に切りなさい。

初めの〈la〉は英語の〈the〉、
次の〈la〉は英語の〈it〉
と考えればいいんだよ

Laver la pomme の〈la〉とは…

名詞の前の〈le, la, l', les〉と〈un, une, des〉

名詞の前の le, la, l', les と un, une, des は冠詞と言われ、フランス語では原則としてすべての名詞の前につけられる（訳さなくてよい）。
le, la, l', les（定冠詞）はすでに出てきたものや、特定された名詞の前について「その」という意味を表す。un, une, des（不定冠詞）は初めて出てきて特定されない名詞の前について「ひとつの、いくつかの」という意味を表す。冠詞は、後の名詞の性、数によって形が変わる。

では、la couper　／　coupez-la の〈la〉はなに？

前の名詞〈la pomme〉の代わりをしている。

不定形の前、または、命令形の後の〈le, la, l', les〉

前に出た名詞の代わりをするもので代名詞と言い、「それ（ら）を（に）」という意味だが、何を指すかはっきりわかっている時は省略されることがある。
この代名詞も前に出ている名詞の性、数によって形が変わる。

例	Peler l'orange et la couper en deux.　オレンジの皮をむき、（それを）二つに切る。
	名・女・単

　　　　Peler les oranges et les couper en deux.　オレンジの皮をむき、（それらを）二つに切る。
　　　　　　　名・女・複

> ただし、命令形の場合、この〈 le, la, l', les 〉は動詞の後に " − " でつながれ、
> faire や laisser がつく時は 2 つの動詞の不定形の間にはさまれる。

例 Pelez l'orange et coupez-la en deux. オレンジの皮をむき、（それを）二つに切りなさい。

Pressez la gélatine et faites-la dissoudre. ゼラチンを絞り、（それを）溶かしなさい。

練習 〈 le, la, l', les 〉に気をつけて訳してみよう。

① Mettre la glace dans des coupes.

....

置かれる位置によって
役割が違うよ

② Eplucher la pomme et la couper en lamelles.

....

③ Faire fondre le beurre et le laisser tiédir.

....

④ Poser les beignets sur un papier absorbant et les saupoudrer de sucre.

....

⑤ Fouetter la crème fraîche et l'incorporer à la purée de marrons.

....

⑥ Faites tiédir le lait et versez-le sur la farine.

....

⑦ Mélangez la farine, l'œuf et le sucre. Laissez-les reposer.

....

⑧ Lavez les fraises et faites-les cuire à feu doux pendant 15 mn.

....

109

Galette des Rois

[ガレット・デ・ロワ]　ルセットを訳してみよう。

Préparation : 30 minutes　　　.....................................

Cuisson : 30 minutes　　　　.....................................

Ingrédients pour 4 personnes　.....................................

500g de pâte feuilletée　　　　.....................................

100g de sucre　　　　　　　　.....................................

100g de beurre　　　　　　　.....................................

100g d'œufs　　　　　　　　.....................................

100g de poudre d'amandes　　.....................................

1 cuiller à soupe de farine　　.....................................

1 cuiller à soupe de rhum　　.....................................

1 jaune d'œuf à dorer　　　　.....................................

---

① Mettez le beurre coupé en petits morceaux dans une bassine, travaillez-le avec une spatule pour ramollir puis ajoutez le sucre. Mélangez bien. Incorporez les œufs, la farine, le rhum et la poudre d'amandes. Malaxez.

....

....

....

② Réglez le four à 200 ℃. Abaissez la pâte feuilletée en 3mm d'épaisseur et découpez-la en 2 disques de 18cm de diamètre. Posez le premier disque sur la plaque.

....

....

③ Déposez au centre la crème aux amandes en préservant tout autour une marge de 3cm. Mouillez légèrement ce contour.

....

....

④ Glissez une fève dans la crème aux amandes. Couvrez le tout avec le second disque de pâte tenu en réserve.

⑤ Dorez la galette et tracez avec un petit couteau des croisillons sur le dessus de la galette. Mettez au four, laissez cuire 50 minutes.

> 注
> ① 【 mettez → mettre 】　　【 puis 】　次に、それから
> ② 【 le premier 】　1番目の
> ③ 【 en préservant 】　残しながら　　【 tout autour 】　周囲全体
> 　　【 une marge 】　縁　　【 ce contour 】　その周囲
> ④ 【 le second 】　2番目の
> 　　【 tenu en réserve 】　残しておいた
> ⑤ 【 croisillons 】　十字架の形

ガレット・デ・ロワ
　1月6日はカトリックのお祭り Épiphanie（エピファニ）（御公現の日）。この時期フランスでは街のお菓子屋さん、パン屋さんのショーウインドーはガレットであふれます。その夜は親しい人が集まり、お祝いに galette des Rois（王様のガレット）を食べます。丸い大きなパイに昔は fève（フェーヴ）（ソラマメ）が入っていましたが、現在は陶器の人形が一つだけ入っており、切り分けられたパイにそれが入っていた人がそのパーティーの王様（roi（ロワ））か、女王様（reine（レーヌ））。お菓子には必ず王冠が添えられています。
　ガレット・デ・ロワと同じようにアーモンドクリームをパイ生地で包んで焼いたものにオルレアネ地方のピティビエという町のお菓子 pithiviers（ピティヴィエ）があります。fèveは入っていませんがこの地方の伝統的なお菓子です。その他にも amandine（アマンディーヌ）、conversation（コンヴェルサション：会話という意味。18世紀末に流行した小説「エミリーの会話」から名付けられたと言われる）、ノルマンディ地方ルーアンの mirliton（ミルリトン）、パリ近郊で見られる細長い dartois（ダルトワ）など、アーモンドクリームをタルト生地に詰めて焼いたお菓子がフランスには数多くあります。

Pâte à choux　[パータ・シュー]　ルセットを訳してみよう。

Préparation : 40 min ....

Cuisson : 30 ~ 40 min ....

Ingrédients pour 50 portions ....

500ml de l'eau	....
200g de beurre	....
6g de sel	....
10g de sucre	....
300g de farine	....
10 œufs	....
1 œuf pour dorer	....

① Dans une casserole, verser l'eau, le beurre, le sel et le sucre. Porter à ébullition.

....

② Retirer le mélange du feu et incorporer la farine tamisée d'un coup.

....

③ Remettre le tout sur feu moyen et mélanger vigoureusement avec une spatule
en bois jusqu'à ce que la pâte se détache du fond de la casserole. Retirer du feu.

....

④ Incorporer la pâte dans une bassine et ajouter un par un les œufs en remuant
lentement. Mélanger jusqu'à ce que la pâte soit lisse.

....

....

⑤ Remplir une poche à douille unie de pâte et dresser la pâte sur une plaque.

....

⑥ Dorer à l'aide d'un pinceau et humidifier à l'aide d'un vaporisateur. Faire
cuire au four chauffé de 200 à 220℃ 20 minutes environ.

....

....

⑦ Lorsque la pâte se lève, éteindre le feu et laisser cuire 15 minutes environ.

注

① 【 Porter à ébullition 】　沸騰させる
② 【 le mélange 】　混ぜたもの　　【 du 】　〜から (P.114参照)　　【 d'un coup 】　一度に
③ 【 jusqu'à ce que la pâte se détache du fond 】　生地が底から離れるまで (P.122参照)
④ 【 un par un 】　一つずつ　　【 en remuant 】　かき混ぜながら (P.115参照)
　 【 jusqu'à ce que la pâte soit lisse 】　生地がなめらかになるまで
⑦ 【 Lorsque la pâte se lève 】　生地がふくらんだら

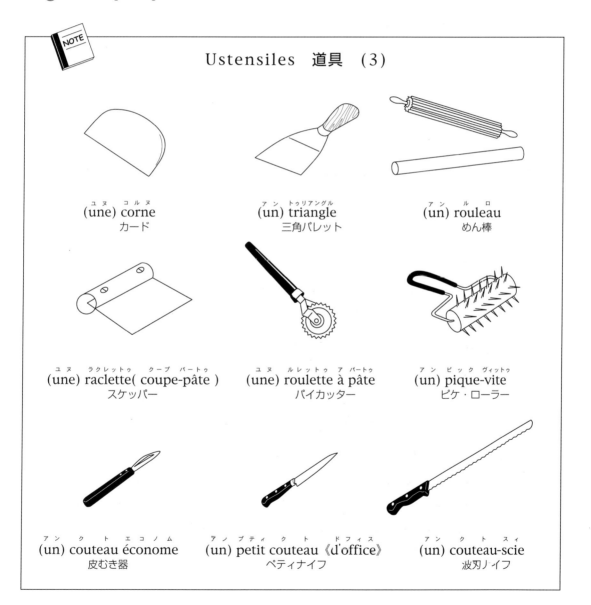

Ustensiles　道具　(3)

(une) corne　カード
(un) triangle　三角パレット
(un) rouleau　めん棒
(une) raclette (coupe-pâte)　スケッパー
(une) roulette à pâte　パイカッター
(un) pique-vite　ピケ・ローラー
(un) couteau économe　皮むき器
(un) petit couteau 《d'office》　ペティナイフ
(un) couteau-scie　波刃ナイフ

Leçon 5　ルセットの読み方

重要表現のまとめ

◆ **à (au, à la, à l', aux)** 　「〜で、〜に、〜まで」

| 例 | Cuire **à** feu*doux. | 弱火で焼く。 |

　　　　à feu moyen / à feu vif 　　　　　　中火で・強火で

　　　　　　　　　　　　　　　　　　　　　*feu ではなく four が使われることもある

　　　　Porter le lait **à** ^{エビュリッスィオン}ébullition. 　　牛乳を沸騰させる。

　　　　Mettre **au** four. 　　　　　　　　オーブンに入れる。

　　　　Incorporer le beurre fondu **à la** pâte. 　溶かしバターを生地に混ぜ込む。

◆ **à l'aide de 〜**　「〜で、〜を使って」

| 例 | à l'aide d'un fouet | 泡立て器で（を使って） |

　　　　à l'aide d'une fourchette 　　　　　フォークで（を使って）

◆ **avec**　「〜と一緒に、〜で、〜を使って」

| 例 | Battre les jaunes d'œufs **avec** le sucre. | 卵黄を砂糖とよく混ぜ合わせる。 |

　　　　Retourner la crêpe **avec** une palette. 　クレープをパレットで裏返す。

◆ **dans**　「〜の中に（で）、〜に、〜で、〜後に」

| 例 | Faire chauffer le lait **dans** un poêlon. | 小鍋で牛乳を熱する。 |

　　　　La tarte au citron sera cuite **dans** 5 min. 　レモンタルトは5分後に焼き上ります。

◆ **de (du, de la)**　「〜から」「〜の」「〜でできた」

| 例 | **de***100g à 150g | 100g から150gまで　→　100~150g |

　　　　　　　　　　　　　　　　　　　　*de は省略されることがある

　　　　sortir le gâteau **du***four 　　　　ケーキをオーブンから出す　*du (P.123参照)

ルセットでは、次の動詞は【 de 】と一緒に用いられることが多い。

例	**Arroser de** jus de citron.	レモン汁をかける。
	Saupoudrer de sucre vanillé.	バニラシュガーを振りかける。
	Parsemer d'amandes effilées.	スライスアーモンドを散らす。
	Recouvrir de meringue.	メレンゲで覆う。

◆ **en** 「～に、～の状態に、～でできた」

> 例 　Couper **en** dés. 　　　　　　　　　　　　　　さいの目に切る。
> 　　　Monter les blancs d'œufs **en** neige ferme. 　卵白を固く泡立てる。
> 　　　Abaisser la pâte **en** 3 mm d'épaisseur. 　　　生地を３ミリの厚さに伸ばす。

◆ **en ＋ ～ant** 「～しながら、～している時」 　～ant は動詞の語尾の変化の一つ

> 例 　mélanger 　　混ぜる 　　　→ 　**en mélangeant** 　混ぜながら
> 　　　　　　　　　　　　　　　　　　　　メ ラ ン ジャン
> 　　　remuer 　　かき混ぜる 　→ 　**en remuant** 　　かきまぜながら
> 　　　　　　　　　　　　　　　　　　　　ル ミュ アン

◆ **pour** 「～のために（の）、～用に、～するために（の）」

> 例 　Réserver quelques framboises **pour** la décoration.
> 　　　レゼルヴェ 　　　　ケ ル ク
> 　　　　数個の木苺を飾り用に取っておく。
> 　　　Ouvrir le four **pour** laisser échapper la vapeur.
> 　　　　蒸気を逃がすためにオーブンを開ける。

◆ **sans ＋ 名詞** 「～なしに」 　　**sans ＋ 動詞** 　「～せずに」
　　サン 　　　　　　　　　　　　　　サン

> 例 　un café **sans** sucre 　　　　　　　砂糖なしの１杯のコーヒー
> 　　　chauffer **sans** faire bouillir 　　沸騰させずに熱する

◆ **sur** 「～の上に、～の上で」

> 例 　Poser les beignets **sur** un papier absorbant.
> 　　　　ベニエをキッチンペーパーの上に置く。

◆ **y** 「そこに、そこで、そこへ」

> 　　　【à ＋ 名詞】、【dans ＋ 名詞】の代わりをするもので、不定形の場合は
> 　　　動詞の前、命令形の場合は後に置かれる。
> 　　　ただし、命令形で faire や laisser がある場合は、２つの動詞の間に置かれる。

> 例 　Verser le caramel **dans le moule, y** ranger les tranches de pommes.
> 　　　　カラメルを型に流し入れ、そこにリンゴの薄切りを並べる。
> 　　　Versez le caramel **dans le moule,** rangez-**y** les tranches de pommes.
> 　　　　カラメルを型に流し入れ、そこにリンゴの薄切りを並べなさい。

115

Mousse au chocolat　[ムース・オ・ショコラ]　ルセットを訳してみよう。

Préparation et cuisson : 30 min ....

Réfrigération : 4 ~ 5 h ....

Ingrédients pour 4 personnes ....

150g de chocolat noir amer	....
4 <u>cs.</u> de cacao dégraissé	....
4 œufs	....
3 cs. de sucre	....
2 cl de Grand Marnier	....
20 cl de crème fraîche	....

① Casser le chocolat en petits morceaux et le faire fondre à feu doux

au bain-marie. <u>Séparer les blancs des jaunes d'œufs.</u>

....

....

② Battre les jaunes d'œufs avec 2 cs. de sucre <u>jusqu'à ce que celui-ci soit</u>

<u>complètement dissous.</u>

....

③ Ajouter le cacao et le Grand Marnier, <u>sans cesser de remuer.</u>

....

④ Monter les blancs d'œufs en neige ferme et y verser le reste de sucre en pluie.

Fouetter la crème fraîche.

....

⑤ Incorporer progressivement le chocolat fondu au <u>mélange œufs-sucre.</u>

....

⑥ Ajouter délicatement la crème fouettée, puis les blancs en neige, <u>en soulevant</u>

le mélange à l'aide d'une spatule, <u>afin qu'il soit mousseux.</u>

....

....

116

⑦ Verser la mousse dans une grande jatte, la recouvrir d'un film plastique et mettre au réfrigérateur pendant 4 à 5 h.

....

....

注

  cs. = cuiller à soupe 大さじ
① 【 Séparer les blancs des jaunes d'œufs 】 卵白と卵黄を分ける
② 【 jusqu'à ce que celui-ci soit complètement dissous 】 celui-ci は砂糖をさす
  砂糖が完全に溶けるまで （P.122参照）
③ 【 sans cesser de remuer 】 たえずかき混ぜて（P.115参照）
⑤ 【 mélange œufs-sucre 】 卵と砂糖を混ぜたもの
⑥ 【 en soulevant → soulever 】 （P.115参照）
 【 afin qu'il soit mousseux 】 それがふんわりとなるように il は mélange をさす
⑦ 【 recouvrir d'un film plastique 】 ラップで包む （P.114参照）

ムース

 Mousse とはフランス語で「泡」という意味です。いろいろな作り方がありますが、裏ごしした果物やチョコレートなどに泡立てた生クリームやメレンゲ、ゼラチンなどを入れ、ふんわりと仕上げたケーキやデザートのことです。また、料理としても作られます。

コラム

映画「ショコラ」　CHOCOLAT

 「ショコラ」は2000年のアカデミー賞5部門にノミネートされたとてもファンタスティックなアメリカ映画です。フランスの小さな村に北風と共にやってきたチャーミングな chocolatière（ショコラティエール）（チョコレート職人）がチョコレートと一緒に幸福を持ってくるというお話ですが、お菓子作りの目で見ると映画のシーンの中から、たくさんのチョコレートに関する情報が発見されます。
 チョコレートがアメリカ大陸マヤ文明からスペイン人によってヨーロッパにもたらされたこと。エキゾチックで、秘密めいた味の由来があること。お菓子であるとともに温かい飲み物として楽しまれていること。さまざまな薬味、香料が加えられることでたくさんの種類のチョコレート菓子が作られること。いろいろな加工法でさらにバリエーションが豊かになること。老若男女、社会的階層、職業的立場を超えてあらゆる人に好まれていること。媚薬の効果があると信じられていること。そして、何よりも食べた人すべてを幸福な気持ちにするということ、などなど……。
 製作には有名なショコラティエが協力をしているので、チョコレート作りの現場がしっかり撮影されていてとても役に立つ作品です。チョコレート作りを目指す人必見の映画です。

Bavarois à l'orange

[オレンジのバヴァロワ] ルセットを訳してみよう。

Préparation et cuisson : 30 minutes ....

Réfrigération : 2 ~ 3 heures ....

Ingrédients pour 4 personnes ....

10g de gélatine en feuilles ....

4 jaunes d'œufs ....

100g de sucre en poudre ....

2 cl de Grand Marnier ....

1/4 l de jus d'orange ....

1/4 l de crème fraîche froide ....

1 orange coupée en fines tranches ....

un peu d'eau ....

10g de pistaches décortiquées et hachées ....

crème fouettée à décorer Q.S. ....

---

① Chauffer le jus d'orange.

....

② Faire ramollir la gélatine dans de l'eau froide.

....

③ Monter les jaunes d'œufs avec le sucre en poudre et le Grand Marnier.

....

④ Incorporer le mélange au jus d'orange et faire cuire à feu moyen.

....

⑤ Laisser cuire en veillant à ce que la température ne dépasse pas 85℃.

....

⑥ Eteindre le feu, laisser refroidir le mélange et ajouter la gélatine bien égouttée.

....

⑦ Fouetter la crème fraîche en chantilly et l'ajouter au mélange.

⑧ Verser le bavarois dans des moules et laisser reposer au réfrigérateur pendant 2 à 3 heures.

⑨ Décorer avec les tranches d'orange, les pistaches et la crème fouettée.

注

Q.S.（= quantité suffisante） 適量
④ 【 à feu moyen 】 中火で （P.114参照）
⑤ 【 en veillant à ce que la température ne dépasse pas 85℃ 】
温度が85℃を超えないように気をつけながら

バヴァロワ
　クレーム・アングレーズ、又は、果物のピュレに泡立てた生クリームを加え、ゼラチンで固めた冷たいデザート菓子で、ムースやゼリー同様軽くて口当たりのよいのが特徴です。バヴァロワという名前は、最初に作られたドイツのバイエルン地方をフランス語でBabière（バビエール）と言ったことに由来するようですが、現在のような形のバヴァロワは19世紀、フランスの天才菓子職人アントナン・カレーム*が考案したものです。　　　　*アントナン・カレーム（P.87参照）

覚えよう・分数と序数

1/2　un demi, la moitié（アン ドゥミ、モワティエ）	1/3　un tiers（アン ティエール）	1/4　un quart（アン キャール）
2/3　deux tiers（ドゥ ティエール）	3/4　trois quarts（トロワ キャール）	

1番目の	1er(ère)　premier（première）（プルミエ／プルミエール）	4番目の	4e　quatrième（キャトゥリエーム）
2番目の	2e　deuxième, second(e)（ドゥズィエーム／スゴン（ドゥ））	10番目の	10e　dixième（ディズィエーム）
3番目の	3e　troisième（トロワズィエーム）		

Glace à la vanille　[バニラのアイスクリーム]　ルセットを訳してみよう。

Préparation et cuisson：35 ~ 40 min　　...

Réfrigération：15 min　　...

Ingrédients pour 10 personnes　　...

50cl de lait	....
5 jaunes d'œufs	....
140g de sucre	....
13cl de crème fraîche	....
1/2 gousse de vanille	....

① Fendez la gousse de vanille en deux et grattez soigneusement l'intérieur avec un couteau pour récupérer les graines.

....

② Versez dans une casserole le lait et la crème fraîche avec la gousse et les graines. Portez à ébullition à feu doux puis retirez la casserole du feu, couvrez et laissez infuser 10 min.

....

③ Mettez dans une bassine les jaunes d'œufs et le sucre. Mélangez avec un fouet jusqu'à ce que le mélange blanchisse.

....

④ Retirez la gousse de vanille du lait et versez-y le mélange③. Laissez cuire le tout à feu moyen jusqu'à 85 ℃ en fouettant sans arrêt.

....

⑤ Retirez du feu et laissez refroidir. Faites prendre à la turbine à glace.

....

120

> 注

① 【 l'intérieur 】　内側、内部　【 pour récupérer 】　取り出すために　　（P.115参照）
② 【 du 】　～から　（P.114参照）
③ 【 jusqu'à ce que le mélange blanchisse 】　混ぜたものが白っぽくなるまで　（P.122参照）
④ 【 mélange ③ 】　③で出来たものをさす　【 en fouettant 】　泡立てながら　（P.115参照）
　【 sans arrêt 】　絶えず　（P.115参照）

> コラム

Poires（洋ナシ）　フランスで最も愛されている果物
（ポワール）

　香り高く甘くてジューシー、きめ細かでとろけるように柔らかい果肉の洋ナシは昔からフランス人の大好きな果物。その原産地は紀元前4000年頃の中国と言われていますが、古代ギリシャにその美味しさが伝わり、ローマ人がさまざまな形で賞味していました。フランスでは、17世紀、ルイ14世のお抱え庭師が果樹園で栽培を始め、品種改良を重ねたことから一躍有名になり、その人気は当時の上流階級の人々の間で果樹園ブームを起こしたほどであったとか‥

　その後も品種改良が続けられ、ある時期には2000種以上になったと言われていますが、現在はほとんどが19世紀生まれの夏ナシ（ウイリアム種、グイヨ種）、秋ナシ（コンフェランス種）、冬ナシ（パス・クラッサンヌ種）など10数種類ほどに厳選され、主にプロヴァンス、ローヌ・アルプ、ロワール、アルザス地方などで栽培されています。代表的なウイリアム種はフランス全土で栽培され、シャルロット(P.32参照)、タルト、ムース、コンポートなどのお菓子だけでなく、リキュールやオ・ド・ヴィ・ド・ポワール（洋ナシの蒸留酒）の原料としても幅広く使われています。

　ちなみに、日本の洋ナシとしてすっかり定着したラ・フランスは、19世紀中頃にフランス人によって発見された品種で、20世紀初めに日本に導入されました。その後いろいろな研究がなされ、素晴らしい香りと美味しさで洋ナシの代表となりましたが、残念ながらフランスやヨーロッパでは気候があわず、ほとんど栽培されていません。

Leçon 6 ルセットの読み方 ― もっと詳しく学びたい人のために

1. jusqu'à 「〜まで」

① **jusqu'à** + 名詞　「〜まで」

例　**jusqu'à** ébullition　　　　　　沸騰するまで
　　jusqu'au lendemain　　　　　翌日まで

② **jusqu'à ce que** + 接続法　「〜が〜するまで」

例　Travaillez les jaunes d'œufs avec le sucre **jusqu'à ce que**
le mélange blanchisse*.
卵黄と砂糖が白っぽくなるまでよくかき混ぜなさい。

Malaxez la pâte d'amandes **jusqu'à ce qu'**elle* soit*bien lisse.
アーモンドペーストがなめらかになるまでよくこねなさい。

☞注意　【jusqu'à ce que】　の後の文には接続法（動詞の変化のひとつ）が用いられる。
　　　*【blanchisse】　blanchir の接続法3人称単数形
　　　*【elle】　人称代名詞3人称「彼女は、それは」と言う意味。ここでは pâte を指す
　　　*【soit】　être (〜である)の接続法3人称単数形

2. 冠詞の種類と形の違い　(P.108の補足)

フランス語の冠詞は後に続く名詞の性(男性・女性)、数(単数・複数)によって形が変わる。

① 定冠詞〈 **le, la, l', les** 〉　　すでに出てきたもの、特定のものを示す名詞について「その」という意味を表す

	単　数	複　数
男性名詞の場合	**le** citron	**les** citrons
女性名詞の場合	**la** pomme	**les** pommes

ただし、母音字、または母音字扱いをされる〈 h 〉で始まる単語は性別に関係なく

	単　数	複　数
男性名詞の場合	**l'**orange	**les** oranges
女性名詞の場合	**l'**herbe	**les** herbes

② 不定冠詞〈 **un, une, des** 〉　　初めて出てきたもの、不特定のものを示す名詞について「ひとつの、いくつかの」という意味を表す

	単　数	複　数
男性名詞の場合	**un** plat	**des** plats
女性名詞の場合	**une** plaque	**des** plaques

③ 部分冠詞〈du, de la〉数えられない名詞（水、牛乳、油、バター、砂糖、粉など）について「ある分量」を表す（複数はない）

	単　数	
男性名詞の場合	**du** sucre	**du** beurre
女性名詞の場合	**de la** farine	**de la** cannelle

母音字、または母音字扱いをされる〈h〉で始まる単語は

　　　　　　　　de l'eau　　　　　　de l'huile

3．前置詞と定冠詞〈le, les〉の縮約

前置詞の〈à〉と〈de〉は、その後に〈le〉か〈les〉がつく名詞が続くと次のように変化する。意味は〈à〉、〈de〉と同じ。

à + le	→	**au**	au chinois
à + les	→	**aux**	aux fruits
de + le	→	**du**	du feu
de + les	→	**des**	des fruits

例　　Ajouter un peu de sucre **au** lait.　　　砂糖少々を牛乳に加える。
　　　Retirer le bain-marie **du** feu.　　　　湯煎なべを火からおろす。

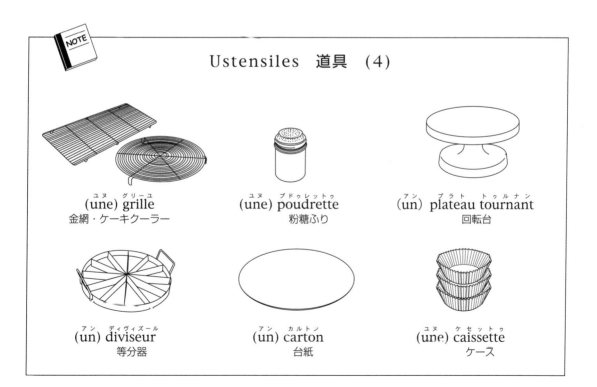

Ustensiles　道具　(4)

(une) grille　金網・ケーキクーラー

(une) poudrette　粉糖ふり

(un) plateau tournant　回転台

(un) diviseur　等分器

(un) carton　台紙

(une) caissette　ケース

数字

1 un (une)* アン ユヌ	2 deux ドゥ	3 trois トロワ	4 quatre キャトル
5 cinq サンク	6 six シス	7 sept セットゥ	8 huit ユイットゥ
9 neuf ヌフ	10 dix ディス	11 onze オンズ	12 douze ドゥーズ
13 treize トレーズ	14 quatorze キャトルズ	15 quinze キャーンズ	16 seize セーズ
17 dix-sept ディ セットゥ	18 dix-huit ディス ユイットゥ	19 dix-neuf ディズ ヌフ	20 vingt ヴァン

＊女性名詞の前で un は une になります。

20 vingt ヴァン	21 vingt et un (une) ヴァン テ アン ユヌ	22 vingt-deux ヴァントゥ ドゥ
30 trente トラントゥ	31 trente et un (une) トラン テ アン ユヌ	32 trente-deux トラントゥ ドゥ
40 quarante キャラントゥ	41 quarante et un (une) キャラン テ アン ユヌ	42 quarante-deux キャラントゥ ドゥ
50 cinquante サンカントゥ	51 cinquante et un (une) サンカン テ アン ユヌ	52 cinquante-deux サンカントゥ ドゥ
60 soixante ソワサントゥ	61 soixante et un (une) ソワサン テ アン ユヌ	62 soixante-deux ソワサントゥ ドゥ
70 soixante-dix ソワサントゥ ディス (70 = 60 + 10)	71 soixante et onze ソワサン テ オーンズ (71 = 60 + 11)	72 soixante-douze ソワサントゥ ドゥーズ
80 quatre-vingts キャトル ヴァン (80 = 4 × 20)	81 quatre-vingt-un キャトル ヴァン アン (81 = 4 × 20 + 1)	
90 quatre-vingt-dix キャトル ヴァン ディス (90 = 4 × 20 + 10)	91 quatre-vingt-onze キャトル ヴァン オーンズ (91 = 4 × 20 + 11)	
100 cent サン	200 deux cents ドゥ サン	1000 mille ミル

（分数・序数はP.119参照）

コラム

Laboratoire　実験室・仕事場

　レストランの厨房は cuisine（キュイズィーヌ）、お菓子屋さんの厨房は laboratoire（ラボラトワール）と言われます。

　お菓子屋さんの厨房での作業はレストランに比べて、材料の量、加工の時間などがより厳密でなくてはならないから、また計量器や作業台が化学の実験室のようだから、こう呼ばれるようになった、と言われています。液体状にした粉類にいろいろなものを加え、微妙に加熱することで魔法のように、複雑な舌ざわり、さまざまな歯ざわりを作り出し、人をとろけさせるお菓子にかえる空間ですから味覚の実験室と呼ばれても不思議ではありません。

会話編

シェフとミキの会話

1) Je peux mixer ?　　　ミキサーにかけていいですか？

Chef : Tu prépares la pâte feuilletée.
Miki : Oui, chef.　(Miki fait le pesage)　J'ai fini de peser.　Je peux mixer ?
Chef : Oui, mais tourne à basse vitesse, au début.
Miki : Ça va comme ça ?
Chef : Ajoute un peu d'eau.
Miki : Comme ça?
Chef : Ça va.　Filme bien et laisse reposer au frigo deux heures.

訳

シェフ：　パート・フイユテの準備をして。
ミキ：　はい、シェフ。　(ミキ計量をする) 計量おわりました。ミキサーにかけていいですか？
シェフ：　ああ、でも最初は低速で回して。
ミキ：　これでいいですか？
シェフ：　もうすこし水を加えて。
ミキ：　このくらいで？
シェフ：　よし。ラップで包んで冷蔵庫に2時間寝かせておきなさい。

説明

tu	「きみ」　親しい間柄、部下などに対して用いられる
j'ai fini de	finir de + 動詞の不定形　「〜し終わる」の過去形
je peux + 動詞の不定形	「〜できる」　疑問形になると許可を求める「〜していいか？」
mais	「でも、しかし」　ここでは軽く注意を促す意味で使われている
ça va	「OK、いいです」　挨拶では「元気だ、元気です」（P.13参照）
comme ça	「このように、こんな風に」
un peu de 〜	「少しの〜」
filmer= couvrir d'un film plastique	「ラップで包む」　papier d'aluminium「アルミホイル」
laisse reposer	laisser + 動詞の不定形　「〜のままにしておく」　（P.95参照）

関連語

au début　「初めは」　/　puis　「次に」　/　enfin　「最後に」
à basse vitesse　「低速で」/　à vitesse moyenne　「中速で」
à haute vitesse　「高速で」

２）Fais plus vite !　　もっと早くしなさい！

Chef：Miki, il faut faire plus vite !

Sinon, la température de la pâte va monter.

Miki：Oui, chef.

Chef：Quand la température monte, le beurre fond et ça ne va pas du tout.

Miki：J'ai compris, chef.

訳

シェフ：　ミキ、もっと早くしなくちゃ。でないと生地の温度が上がってしまうよ。
ミキ：　　はい、シェフ。
シェフ：　生地温が上がるとバターが溶けて、うまくできないんだよ。
ミキ：　　わかりました、シェフ。

説明

Il faut + 動詞の不定形	「～しなければならない」
plus vite	「よりはやく」
	plus + 副詞・形容詞　「より～、もっと～」　例：plus fort　「もっと強く」
	moins + 副詞・形容詞　「より少なく～」　例：moins fort　「もっと弱く」
sinon	「そうしなければ、さもないと」
va monter	aller + 動詞の不定形　近い未来を表す「～するところだ、～しようとしている」
quand	「～すると、～する時に」
	「いつ」　例：Quand ouvre ce magasin ?　「そのお店はいつ開きますか？」
ça ne va pa	ça va「うまく行く」（P.126参照）の否定形
	du tout がつくと「まったく、全然」という否定の強調が加わる。
J'ai compris	「分かりました、了解」　d'accord, entendu と同義
	Compris? / C'est compris ?　「いいですか？わかりましたか？」

覚えよう・un peu ／ assez ／ très ／ trop

形容詞につけてその程度の強弱を表す。

un peu	少し	un fruit un peu acide	少し酸っぱい果物
assez	充分に	un fruit assez mûr	充分に熟した果物
très	とても	crème très sucrée	とても甘いクリーム
trop	～すぎる	crème trop sucrée	甘すぎるクリーム

127

3）Abaisser, plier et tourner　　　伸ばして、折って、回す

Chef：Tu vas abaisser la pâte et la plier en trois.

Miki：Oui, chef.

Chef：Après chaque pliage, tu fais tourner la pâte de 90 degrés.

Miki：Abaisser, plier et tourner.　C'est bien ça ?

Chef：Oui, c'est ça.

訳

シェフ：　生地を伸ばし、3つに折りなさい。
ミキ：　はい、シェフ。
シェフ：　折るたびに90度回して。
ミキ：　伸ばして、折って、回す。これでいいですね？
シェフ：　そうだよ。

説明

tu vas + 動詞の不定形	親しい相手に対する軽い命令や依頼の意味を表す
la	la pâteをさす　（P.108参照）
après＋名詞	「〜のあとで」
chaque	「〜ごとに、毎〜、各〜」
fais tourner A	「Aを回す」
c'est ça	「そうです、そのとおり」
*90	quatre-vingt-dix　（P.124参照）

128

4）Mets au four　　オーブンに入れなさい

Chef : Mets ça au four préchauffé à 200°C.*
Miki : Oui, chef. Combien de minutes ?
Chef : 15 minutes à peu près. Ça suffira...
(15 minutes plus tard)
Miki : Oui. Voilà, c'est fait.
Chef : Ah! C'est doré à point. Fais le glaçage au sirop à 30°B.*

訳

シェフ：　200℃に予熱したオーブンに入れて。
ミキ：　はい、シェフ。何分ですか？
シェフ：　約15分でいいだろう。
　（15分後）
ミキ：　はい。できました。
シェフ：　いい色だ。ボーメ30度のシロップでグラセしなさい。

説明

ça	「それ、これ」　前の名詞、目の前にある物を指す
combien de minutes	「何分」
	combien de ＋名詞　「いくつの〜」
à peu près	「およそ、約」　environと同義語
ça suffira	ça suffit の未来形　「それで十分だろう」
voilà	「ほら、はい」
c'est fait	「できた」
à point	「ちょうどよい」
*200	deux cents　（P.124参照）
*30°B	trente degrés Baumé のことだが会話の中では数字のみを言うことが多い。
	degrés Baumé は「ボーメ度」という意味でシロップの糖度を表す単位である。

5）Préparation de la Galette des rois　ガレット・デ・ロワの準備

Chef：Tu vas préparer les galettes des rois.

Miki：Oui, chef.　Tout de suite.

Chef：Va chercher la crème d'amandes et la dorure au frigo.

・　　・　　・

Miki：J'ai fini de dresser la crème d'amandes.

Chef：N'oublie pas de mettre une fève dans chaque galette.

Miki：D'accord.

訳

シェフ：　ガレット・デ・ロワ　の準備をして。

ミキ：　はい、シェフ。すぐに。

シェフ：　冷蔵庫からアーモンドクリームと溶き卵を出して。

・　　・　　・

ミキ：　アーモンドクリーム、絞り終わりました。

シェフ：　1台に1個のフェーヴを入れるのを忘れないように。

ミキ：　わかりました。

説明

tout de suite	「すぐに」
n'oublie pas	「忘れないで」　動詞を ne と pas ではさむと否定の意味になる
fève	「フェーヴ」　ガレットには1個の陶製の人形（昔はソラマメ）を入れる　（P.111参照）
d'accord	「分かった、了解」同意を表す言葉　（P.127参照）

コラム

アーモンドとお菓子

　アーモンドは3月初め、南フランスや北アフリカの地中海沿岸地域で桜に似たうすいピンクの花を咲かせます。その種（仁の部分）は〝幸運、豊穣、幸福のシンボル〟としてヨーロッパでは古くからお祝い事に使われてきました。現在では、カリッとした食感と香りが好まれ、丸ごと、薄切り、細切り、粉末、ペーストなどさまざまな姿に加工され、お菓子作りの基本材料となっています。

　例えば、マカロン、フィナンシエ、ガレット・デ・ロワ、タルト、プラリネ、ドラジェ、ブラン・マンジェなど。原産地はアジア南西部と推定され、ローマ時代にシルクロードを通って地中海を渡り、全ヨーロッパに広まったといわれています。

6) Attention ! Ça va gâcher le goût　気をつけて！ 味が悪くなるよ

Chef：Tu vas diviser la pâte en 40 petits tas de 30g chacun.
Miki：Oui, chef.
Chef：Attention ! Tu as trop de farine sur les mains. Ça va gâcher le goût.
Miki：Désolée, je vais faire attention.

訳

シェフ：　生地を各30ｇの40個に分けなさい。
　ミキ：　はい、シェフ。
シェフ：　気をつけて！　手粉が多すぎる。味が悪くなるよ。
　ミキ：　すみません、気をつけます。

説明

diviser A en B	「AをBに分ける」
tas de ～	「～のかたまり」
chacun	「各、それぞれ」
trop de ～	「多すぎる～」量を表わす言葉
gâcher	「損なう」
désolée	「すみません」
faire attention	「気をつける、注意する」
*40	quarante （P.124参照）
*30	trente

関連語

un peu de ～	「少しの～」（P.126参照）
beaucoup de ～	「たくさんの～」

7) Décore avec des framboises et des oranges　木イチゴとオレンジで飾りなさい

Chef：Sors les mousses du congélateur.
Miki：Oui, chef.
Chef：Va chercher une barquette de framboises et deux oranges au frigo.
　　　Puis fais la décoration.
Miki：La même décoration qu'hier ?
Chef：Oui, c'est ça.　Vas-y.

訳

シェフ：　冷凍庫からムースを出してきて。
ミキ：　　はい、シェフ。
シェフ：　それから、冷蔵庫から木イチゴ1パックとオレンジ2個持ってきて飾りなさい。
ミキ：　　昨日と同じ飾り方でいいですか？
シェフ：　ああ、それでいいよ。さあ、始めて。

説明

sors → sortir	sortir A de B	「AをBから出す」
va chercher	aller＋動詞の不定形	「〜しに行く」の2人称単数命令形
même A que B	「Bと同じA」	
vas-y	「さあ始めて、どうぞ」	

関連語

hier 「昨日」 / aujourd'hui 「今日」 / demain 「明日」

la semaine dernière 　　　「先週」
cette semaine 　　　「今週」
la semaine prochaine 　　　「来週」

マカロンで飾られた「ラデュレ」(P.81参照)のショーウィンドー

8) C'est bientôt l'heure d'ouverture ! もうすぐ開店の時間だ！

Chef : Miki ....

Miki : Oui, chef. J'arrive.

Chef : Vite, porte ces gâteaux au magasin. Mets aussi six éclairs et une charlotte aux poires dans le frigo de gauche. C'est pour une réservation.

Miki : D'accord.

Chef : Dépêche-toi. N'oublie pas la finition des autres gâteaux ! C'est bientôt l'heure d'ouverture.

Miki : Oui, chef. Tout de suite.

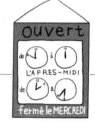

訳

シェフ： ミキ。
ミキ： はい、シェフ。すぐ行きます。
シェフ： 早く、お菓子を店に出して。それとエクレール6個とシャルロット・オ・ポワール1個を左側の冷蔵庫へ入れておいて、予約だから。
ミキ： わかりました。
シェフ： 急いで。他のお菓子の仕上げも忘れないで！ もうすぐ開店の時間だよ！
ミキ： はい、シェフ。すぐにやります。

説明

j'arrive	「すぐに、ただちに」 呼ばれた時の返事の表現
mets	mettre「置く、入れる」の2人称単数命令形
aussi	動詞と共に使われる場合「それと、ついでに」 名詞と共に使われる場合「〜も」
de gauche	「左の、左側の」
dépêche-toi	se dépêcher「急ぐ」の2人称単数命令形
bientôt	「もうすぐ」

関連語

l'heure d'ouverture 「開店時間」 / l'heure de fermeture 「閉店時間」

覚えよう

à gauche	au milieu	à droite	en haut	en bas
左に	真ん中に	右に	上に	下に
←	⊙	→	↑	↓

9) Que désirez-vous ?　　何になさいますか？

Cliente : Bonjour.
Vendeuse : Bonjour, Madame. Que désirez-vous ?
Cliente : Quelles sont les nouveautés de la maison?
Vendeuse : Nous avons une tarte aux fruits de saison et des choux aux marrons.
Cliente : J'en prendrai trois de chaque.
Vendeuse : Et avec ceci ?
Cliente : Ce sera tout, merci.

訳

客：	こんにちは。
販売スタッフ：	いらっしゃいませ、何になさいますか？
客：	新作は何かありますか？
販売スタッフ：	季節のフルーツタルトとマロンシュークリームです。
客：	じゃ、それぞれ3個ずつください。
販売スタッフ：	以上でよろしいですか？
客：	はい、結構です。

説明

Que désirez-vous ? / Vous désirez ?	「何にいたしましょうか？」店員がお客に尋ねる時の表現
vous	「きみ達、あなた（達）」　知らない人、目上の人に対する丁寧な言い方（P.126参照）
quelles sont ～	「～は何ですか？」　後の名詞の性、数によって形が変わる
nouveauté	「新作」
nous avons	「私たちは～を持っている」「私たちには～がある」
j'en prendrai ～	j'en prends ～「それを～（量）いただきます（下さい）」の未来形　en（それ）は前に出てきたものを受ける
avec ceci ?	「そのほかには？」　店員が客の注文の続きを促す時の表現
ce sera tout	c'est tout「それで全部です」の未来形で、語調を和らげた言い方

関連語

spécialité	「特製、おすすめ」　spécialité de la maison　「当店のおすすめ」
例	Quelle est la spécialité de la maison ?　「おすすめは何ですか？」

仕事場 (laboratoire ラボラトワール)の見取り図

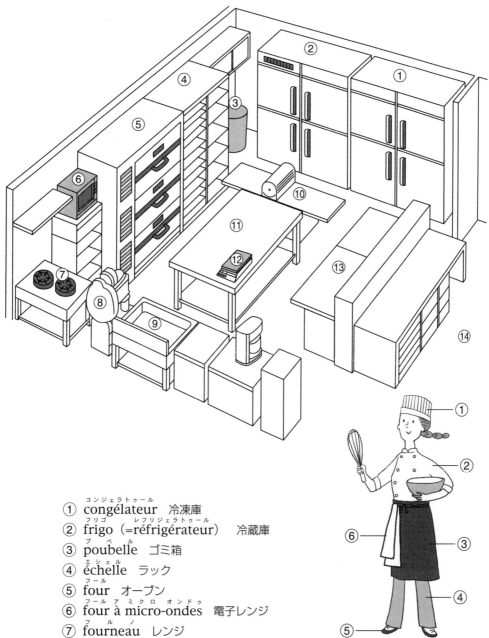

① congélateur コンジェラトゥール　冷凍庫
② frigo (=réfrigérateur) フリゴ　レフリジェラトゥール　冷蔵庫
③ poubelle プベル　ゴミ箱
④ échelle エシェル　ラック
⑤ four フール　オーブン
⑥ four à micro-ondes フール ア ミクロ オンドゥ　電子レンジ
⑦ fourneau フルノ　レンジ
⑧ mélangeur メランジュール　ミキサー
⑨ plonge プロンジュ　洗い場
⑩ laminoir ラミノワール　パイローラー
⑪ table de travail ターブル ドゥ トラヴァイユ　仕事台
⑫ balance バランス　はかり
⑬ marbre マルブル　大理石の仕事台
⑭ magasin マガザン　店

① toque トック　帽子
② veste ヴェストゥ　コックコート
③ tablier タブリエ　エプロン
④ pantalon パンタロン　ズボン
⑤ chaussures ショシュール　シューズ
⑥ torchon トルション　トルション（布巾）

135

数字

1〜20 の数字

1	un （une）	2	deux
3	trois	4	quatre
5	cinq	6	six
7	sept	8	huit
9	neuf	10	dix
11	onze	12	douze
13	treize	14	quatorze
15	quinze	16	seize
17	dix-sept	18	dix-huit
19	dix-neuf	20	vingt

〈1〉男性名詞の前では un、女性名詞の前では une

例　　un citron

　　　une pomme

〈0〉　zéro

21〜70 未満の主な数字

		21	vingt et un （une）	22	vingt-deux
30	trente	31	trente et un （une）	32	trente-deux
40	quarante	41	quarante et un （une）	42	quarante-deux
50	cinquante	51	cinquante et un （une）	52	cinquante-deux
60	soixante	61	soixante et un （une）	62	soixante-deux

70 以上の主な数字

70　soixante-dix　　71　soixante et onze　　72　soixante-douze

＊70＝60＋10、71＝60＋11、72＝60＋12 と組み立てる

80　quatre-vingts　　　　　　　　81　quatre-vingt-un　（une）

＊80＝4×20、81＝4×20＋1 と組み立てる

90　quatre-vingt-dix　　　　　　91　quatre-vingt-onze

＊90＝4×20＋10、91＝4×20＋11 と組み立てる

100　cent

1000　mille　　2014　deux mille quatorze

曜日・月・季節

1月	janvier
2月	février
3月	mars
4月	avril
5月	mai
6月	juin
7月	juillet
8月	août
9月	septembre
10月	octobre
11月	novembre
12月	décembre

月曜日	lundi
火曜日	mardi
水曜日	mercredi
木曜日	jeudi
金曜日	vendredi
土曜日	samedi
日曜日	dimanche

季節	saison
春	printemps
夏	été
秋	automne
冬	hiver

主要参考文献

スティーヴン・L・カプラン『パンの歴史』、河出書房新社、2004年

フランスパン・世界のパン　本格製パン技術、旭屋出版

ホテルとレストランの洋菓子研究⑤、アントルメ　96、モーリスカンパニィ、1996年

ニナ・バルビエ、エマニュエル・ペレ『名前が語るお菓子の歴史』、白水社、1999年

大木吉甫『フランス美食物語』、（株）調理栄養教育公社、2000年

桜沢琢海『料理人たちの饗宴』、河出書房新社、2002年

マグロンヌ・トゥーサン＝サマ『お菓子の歴史』、河出書房新社、2005年

吉田菊次郎『洋菓子の世界史』、製菓実験社、1986年

吉田菊次郎『万国お菓子物語』、晶文社、1998年

吉田菊次郎『お菓子な歳時記』、時事通信社、2004年

ソフィー・D・コウ、マイケル・D・コウ『チョコレートの歴史』、河出書房新社、1999年

大森由紀子『私のフランス地方菓子』、柴田書店、1997年

大森由紀子『不思議のフランス菓子』、NTT出版、2001年

桶川麻子『フランスお菓子物語』、東京書籍、1995年

辻口博啓『パティシエのフランス語』PARCO出版、2003年

辻静雄編著『フランス料理の本⑤デザート』、講談社、1981年

井上義文監修『パンの図鑑』、マイナビ、2011年

ブランジュリーフランセーズドンク『フランスパン・世界のパン本格製パン技術』、旭屋出版、2001年

池田浩明『パンラボ』、白夜書房、2012年

藤森二郎『フランスパン』、駿河台出版社、2004年

サラ・モス、アレクサンダー・バデノック『チョコレートの歴史物語』、原書房、2013年

小阪ひろみ、山崎正也『使える製菓のフランス語辞典』、柴田書店、2010年

原田愛子監修『お菓子・パンを学ぶ人のためのフランス語・ドイツ語・英語　会話集』、全日本洋菓子工業会、2006年

井上好文監修『パンの事典』、旭屋出版、2007年

Bernard Deschamps et al., *Le Livre du Pâtissier,* Editions Jacques Lanore,2005

Pierre Hermé, *LAROUSSE des DESSERTS,* LAROUSSE, 2005

LAROUSSE *gastronomique,* LAROUSSE, 1996

PCG Pâtisserie Confiserie Glacerie, avril 2005

Joseph KOSCHER et al., *Maîtriser LA PÂTISSERIE,* Editions B.P.L, 1990.

Michel Roux, *Le Livre des sauces,* SOLAR, 1996

DESSERTS irrésistibles, Sélection du Reader's Digest, 1998

Blandine Vié, *Tout Clafoutis,* MARABOUT, 2002

Barbara MAHER, *Pâtisserie,* SOLAR

GATEAUX et ENTREMETS, C.I.L., 1982

PATISSERIE & CONFISERIE, C.I.L., 1983

Les Desserts en couleurs, SOLAR, 1989

Les Desserts, SOLAR, 1994

Jean-Yves GUINARD,*Le Livre du BOULANGER,* édition Jacques Lanore, 1996

著者略歴

塩川　由美（しおかわ　ゆみ）
　福岡出身。九州大学文学部卒。
　1970年の渡仏をきっかけに、本格的にフランス語を始める。
　翻訳、通訳の仕事の傍ら、1994年より調理製菓専門学校、ホテル
　専門学校にて調理のフランス語を教える。
　また、フランス食品振興会（SOPEXA）のコーディネーターとして
　活動。
　著書『新・現場からの調理フランス語』G.B.（共著）

藤原　知子（ふじわら　ともこ）
　福岡出身。東京女子大学文理学部卒。
　延べ3年間のフランス滞在を機にフランス文化、とくに食文化へ
　の興味を持ち始める。
　1992年より調理製菓専門学校、ホテル専門学校で「調理のフランス
　語」を教える。
　同1992年「フランス語通訳センター」を設立。
　著書『La Cuisine Familiale Japonaise』（日本の家庭料理）石風社
　（共著）
　著書『新・現場からの調理フランス語』G.B.（共著）

新・現場からの製菓フランス語

2008年 1月10日　初版発行		定価：本体1,500円＋税
2012年 3月10日　初版第6刷発行		
2016年 3月10日　新版第2刷発行	著　者	塩川　由美(IECF)
2017年 3月10日　新版第3刷発行		藤原　知子(IECF)
2019年 3月10日　新版第4刷発行	編　集	松橋　耕
2021年 3月10日　新版第5刷発行	発行人	坂尾　昌昭
2023年 3月28日　新版第6刷発行	発行所	株式会社 G.B.

　　　　　　　　　　　　　　　　　〒102-0072　東京都千代田区飯田橋4-1-5
　　　　　　　　　　　　　　　　　電　話　03-3221-8013（編集・営業）
　　　　　　　　　　　　　　　　　ＦＡＸ　03-3221-8814（ご注文）
　　　　　　　　　　　　　　　　　http://www.gbnet.co.jp/
　　　　　　　　　　　　　　印刷所　凸版印刷株式会社

＜検印省略＞　　　　　　　　　　　　　　　　　　　落丁・乱丁本はお取り替えいたします。
　　　　　　　　　　　　　　　　　　　　　　Printed in Japan　ISBN978-4-906993-34-5